すぐにつくれる！
めくって楽しい！

CD-ROM付き

スケッチブックでつくる かんたん シアター

乳幼児教育研究所
浅野ななみ 著

ナツメ社

CONTENTS

本書の特長 ………… 4
ページの見方 ………… 6
コピー用型紙 ………… 81

季節のシアター

		型紙	PDF
春 おはよう！春ですよ …………	8	82	plan01
夏 カエルの音楽会 …………	12	85	plan02
秋 まてまて リンゴ …………	16	87	plan03
秋 お城でパーティー …………	20	90	plan04
冬 魔法使いのクリスマス …………	24	93	plan05
冬 楽しい雪あそび …………	29	96	plan06

園行事のシアター

		型紙	PDF
おひさま園へ出発！ …………	34	100	plan07
みんな集まれ誕生会 …………	38	104	plan08
プレゼントはなあに？ …………	42	108	plan09
満員 遠足バス …………	48	113	plan10
元気いっぱい運動会 …………	52	116	plan11

生活習慣のシアター

	型紙	PDF
したくはできたかな？ …… 56	120	plan12
虫歯キンに負けないぞ …… 58	122	plan13
お弁当いただきます …… 62	125	plan14
あーそぼ あそぼ！ …… 66	129	plan15

クイズのシアター

	型紙	PDF
虫めがねでのぞいたよ …… 70	131	plan16
レストランのお客様 …… 74	135	plan17
しっぽしっぽだーれ？ …… 78	138	plan18

CD-ROMの構成

- CD-ROMをお使いになる前に、81ページをご参照ください。
- 4Cはカラーイラスト、1Cは型紙用のモノクロイラストです。

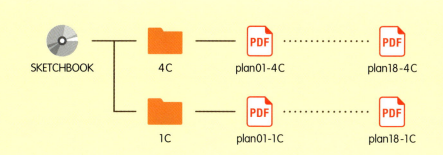

本書の特長

かわいいイラストで親しみやすい

掲載しているシアターのイラストは、どれも親しみやすくて目を引くものばかり。遠くからでも見やすい絵柄で、子どもたちがお話に夢中になること間違いなし！

スケッチブックならではのしかけで楽しい！

切り込みが入っていて半分だけをめくる、穴があいていて次の絵がのぞいているなどのスケッチブックの仕組みを生かした展開が豊富に組み込まれています。

B4サイズのスケッチブックを活用

市販のスケッチブックを土台として使用します。持ちにくい場合は、表紙に切った段ボールを貼ると支えやすくなります。付属のCD-ROMに収録しているデータは、そのまま印刷すればB4サイズのスケッチブックにぴったりです。

子どもとのやりとりが盛り上がる

  何だろう？

いっしょにセリフを言ったり、歌を歌ったりするシーンや、子どもに問いかけて答えを聞くシーンが盛り込まれています。子どもとのやりとりを楽しみましょう。

CD-ROMつきで すぐに作れる

付属のCD-ROMには、プリントして貼るだけで作れるカラーイラストと、自由に色をつけられるモノクロイラスト、2種類のPDFファイルが入っています。

役立つ情報が盛りだくさん！

演じ方POINT

「演じ方POINT」として、演じる際に気をつけたいことや、歌のメロディー譜も掲載しています。お役立てください。

園生活ならではの テーマを18本紹介

お誕生会や遠足、運動会といった園での行事、身じたくや歯みがきなどの生活習慣など、園ならではのストーリーを18本紹介しています。季節感あふれるものや、やりとりが盛り上がるクイズなど、子どもと楽しみたいテーマが満載です。

コピー用型紙も 掲載

81ページからは、コピー用の型紙も紹介しています。300％に拡大コピーをするとB4サイズのスケッチブックに、260％に拡大コピーをするとA4サイズのスケッチブックに使用できます。

ページの見方

カテゴリー
「季節」「園行事」「生活習慣」「クイズ」の四つに分けて紹介しています。

型紙

型紙 ▶ P.00　紙面に掲載しているコピー用型紙のページ数です。

PDF plan00　CD-ROMに収録しているPDFファイルのデータ名です。4Cとつくものはカラーイラスト、1Cとつくものはモノクロイラストです。

季節　春

チョウが春を届けにやってきた！
おはよう！春ですよ

型紙 ▶ P.82
PDF plan01

1
1枚目を見せて、ペープサートを持ちます。
暖かい春風が吹いてきました。
おや？　チョウチョウさんが飛んできましたよ。

- チョウ　春が来たからとってもうれしいわ！
  ペープサートをナノハナの近くに当てて、飛んでいるように動かします。
- チョウ　あら？　ナノハナさんはまだつぼみだね。
  おはよう、もう春ですよ！
- ナノハナ　うーん、ムニャムニャ…。

スケッチブックの準備

2
なかなか起きないね。
みんなもいっしょに「春ですよ」って言ってみましょう。

（春ですよー！）

ペープサートを置き、ページをめくります。
- ナノハナ　あら、おはよう！
  目が覚めたわ、ありがとう！
ナノハナさんはうれしそうに風に揺れています。

（あら、おはよう！）

季節のシアター

3
ページをめくり、ペープサートを持ちます。
チョウチョウさんが次に飛んで行ったのは、サクラの枝です。
- チョウ　あら？　サクラさんもつぼみですね。
  おはようサクラさん、春ですよ。
ペープサートをサクラに近づけて動かします。
- サクラ　うーん、ムニャムニャ…。
なかなか起きないね。
みんなもいっしょに「春ですよ」って言ってみましょう。
2と同じように子どもたちに呼びかけます。

4
ペープサートを置き、ページをめくります。
- サクラ　あら、もう春？　ありがとう、目が覚めたわ。
サクラの花が咲いて、とってもきれいですね。
♪ちょうちょ　ちょうちょ　なのはにとまれ
　なのはにあいたら　さくらにとまれ　さくらのはなの
　はなからはなへ　とまれよあそべ　あそべよとまれ

（ありがとう、目が覚めたわ）

演じ方 POINT
おなじみの曲なので、子どもたちといっしょに歌いましょう。

スケッチブックの準備
どのイラストをスケッチブックの何ページ目に貼ればよいのかを、流れを追って掲載しています。切り取る部分や切り込みを入れる位置などをご参照ください。

A　型紙に記載している記号と対応しています。
1枚目表　スケッチブックの枚数と表裏を示しています。

演じ方の例
動き方　スケッチブックをめくるタイミングなど、保育者の動作について説明しています。
ナレーション　お話の流れを伝えるセリフです。声の大きさをかえたり、緩急をつけたりしながら表情豊かに演じましょう。
セリフ　登場人物のセリフです。役柄によって声色に変化をつけると盛り上がります。

チョウが春を届けにやってきた！
おはよう！春ですよ

型紙 ▶ P.82
PDF plan01

1枚目を見せて、ペープサートを持ちます。

暖かい春風が吹いてきました。
おや？　チョウチョウさんが
飛んできましたよ。

チョウ　春が来たから
　　　　とってもうれしいわ！

ペープサートをナノハナの近くに当てて、
飛んでいるように動かします。

チョウ　あら？　ナノハナさんは
　　　　まだつぼみだね。
　　　　おはよう、もう春ですよ！

ナノハナ　うーん、ムニャムニャ…。

なかなか起きないね。
みんなもいっしょに
「春ですよ」って言ってみましょう。

あら、
おはよう！

ペープサートを置き、ページをめくります。

ナノハナ あら、おはよう！
目が覚めたわ、ありがとう！

ナノハナさんはうれしそうに
風に揺れています。

季節のシアター

ページをめくり、ペープサートを持ちます。

チョウチョウさんが次に飛んで行ったのは、サクラの枝です。

チョウ あら？　サクラさんもつぼみですね。
おはようサクラさん、春ですよ。

ペープサートをサクラに近づけて動かします。

サクラ うーん、ムニャムニャ…。

なかなか起きないね。
みんなもいっしょに「春ですよ」って言ってみましょう。

2と同じように子どもたちと呼びかけます。

ありがとう、
目が覚めたわ

ペープサートを置き、ページをめくります。

サクラ あら、もう春？　ありがとう、目が覚めたわ。

サクラの花が咲いて、とってもきれいですね。

♪ ちょうちょ　ちょうちょ　なのはにとまれ
　 なのはにあいたら　さくらにとまれ　さくらのはなの
　 はなからはなへ　とまれよあそべ　あそべよとまれ

演じ方POINT

おなじみの曲なので、
子どもたちといっしょ
に歌いましょう。

ページをめくります。

チョウチョウさんはたくさん飛んで少しくたびれたので、ちょっとひと休み。すると草がガサガサっと揺れて…。

草をめくります。

- **チョウ** わっ！ わっ！ ヘビさん。
- **ヘビ** 誰だ！ 良い気持ちで寝ていたのに邪魔をするのは!!
- **チョウ** ごめんなさい…、でも、もう春ですよ。
- **ヘビ** 春？ うーん？ ほんとだ、あったかいなぁ。

ヘビさんもすっかり目を覚ましました。

めくると…

「わっ！ わっ！ ヘビさん」

演じ方POINT
草の部分は、ゆっくりと少しずつめくり、「何かな？」という期待を高めましょう。

「もう春ですよー！」

ページをめくります。

チョウチョウさんは森の中に飛んでいきました。

- **チョウ** あれ？ こんなところにクマさんが寝ているよ。クマさんも起こしてあげなくちゃ。

ペープサートを持ち、クマに近づけて動かします。

- **チョウ** おはよう、クマさん。もう春ですよー！
- **クマ** グーグー、ムニャムニャ…。

なかなか起きないね。みんなもいっしょに「春ですよ」って言ってみましょう。

2と同じように子どもたちと呼びかけます。

7

ページをめくります。

| チョウ | あれ？　まだ起きないよ。
もっと大きい声で言ってみよう。 |

春ですよー！

| チョウ | まだ起きないね。よーし、くすぐっちゃおう！
コチョコチョコチョ！ |

8

季節のシアター

ページをめくり、両面が見えるように持ちます。

クマ	ファ、ファ、ハークション！
チョウ	ひゃー、びっくりした！ クマさん、春ですよー！
クマ	ふわ〜、目が覚めた！　あったかーい。 春が来たんだね。

9

ページをめくります。

暖かい春がやってきて、サクラやナノハナがきれいに咲いて、
ヘビさんもクマさんも目を覚ましました。
みんなうれしくなって、元気に歌を歌いました。

♪ ちょうちょ　ちょうちょ　なのはにとまれ
　なのはにあいたら　さくらにとまれ　さくらのはなの
　はなからはなへ　とまれよあそべ　あそべよとまれ

♪ 蝶々　作詞：野村秋足　スペイン民謡

みんなで歌うのが楽しい！
カエルの音楽会

型紙 ▶ P.85

PDF plan02

スケッチブックの準備

2枚目を見せて持ちます。

ここは、カエル池です。
カエルさんがたくさん住んでいます。
もうすぐ音楽会があるので、
みんなで練習をしています。

黄色カエルの部分を後ろから前へとめくります。

「ここは、カエル池です」

演じ方POINT

カエルが登場するシーンでは、後ろから前へとめくります。演じる前に、めくり方を確認しておきましょう。

めくると…

季節のシアター

最初にやってきたのは、
黄色いネクタイのカエルさん。

「黄色カエル」　グエ　グエ
　　　　　グエーッ！
　　　　　どう？
　　　　　大きい声でしょ。

ピンクカエルの部分を後ろから前へとめくります。

次は、ピンクネクタイの
カエルさんが登場です。

「ピンクカエル」私なら、
　　　　　　もっと大きな声が
　　　　　　出せるよ。
　　　　　　グワ　グワ
　　　　　　グワーッ！

青カエルの部分を後ろから前へとめくります。

最後にやってきたのは、
青ネクタイのカエルさん。

「青カエル」いやいや、
　　　　もっともーっと
　　　　大きい声が出るよ。
　　　　ゲコ　ゲコ　ゲーコ！
　　　　ゲコ　ゲコ　ゲーコ！

めくると…

ゲコ　ゲコ　ゲーコ！

ケンカになってしまいました

ページをめくります。

「黄色カエル」いちばん大きな声だよ！

「ピンクカエル」違うよ、私がいちばん！

「青カエル」ぼくの声がいちばん大きいに
　　　　決まってるでしょ！

音楽会の練習をするはずが、
誰の声が大きいかでケンカになってしまいました。

仲間に入れて！

そこに体の小さな
赤いネクタイのカエルさんが
やってきました。

別紙の赤カエルを見せてから3匹のカエルの間に貼ります。

赤カエル ねえねえ、どうしたの？　ぼくも、仲間に入れて！

黄色カエル じゃあ、君も歌ってごらんよ。

赤カエル えーと、うーんと…。ケケケケ　ケロロ…。

ピンクカエル あれれ、小さな声なのね。

赤カエル 大きな声は出せないんだ。

グエ　グエ　グエーッ！
グワ　グワ　グワーッ！
ゲコ　ゲコ　ゲーコ！

ページをめくります。

青カエル よし！　それじゃあ、みんなで歌ってみよう。

黄色カエル グエ　グエ　グエーッ！

ピンクカエル グワ　グワ　グワーッ！

青カエル ゲコ　ゲコ　ゲーコ！

赤カエル わー、うるさすぎて
　　　　　耳が痛くなっちゃう！

耳が痛くなっちゃう！

演じ方POINT
3びきの鳴き声は、わざと声を高くしたり、ゆっくりと鳴き声を出したりして、歌声がそろっていない雰囲気を出しましょう。

季節のシアター

こんな時は、どうしたらよいかな？
みんなわかるかな？

 指揮をする！

そう、指揮をする人がいるといいね。

赤カエル じゃあ、ぼくが指揮をするよ。

別紙の指揮をしているカエルを見せてから赤カエルの上に貼ります。

これで一安心。
みんなで歌ってみましょう。
いち　にの　さん　はい！

演じ方POINT
なかなか指揮という答えが出ない場合は、指揮棒を振るジェスチャーでヒントを出しましょう。

♪かえるのうたが
　きこえてくるよ
　クワッ　クワッ　クワッ　クワッ
　ケケケケ　ケケケケ
　クワッ　クワッ　クワッ

楽しい音楽会になりました

別紙を外し、ページをめくってから池の上に貼ります。

みんなの声がひとつにそろって、
とっても楽しい音楽会になりました。

♪ **かえるの合唱**　訳詞：岡本敏明　ドイツ民謡

コロコロ転がるリンゴの行方は…？
まてまて リンゴ

型紙 ▶ **P.87**

 plan03

1枚目を見せて持ちます。

山のてっぺんにある大きなリンゴの木に、
赤い実がたくさんなりました。
ウサギさんがリンゴの実を集めていたら、
リンゴがかごから転がり落ちました。コロコロ、コロリーン！

赤い実がたくさん
なりました

スケッチブックの準備

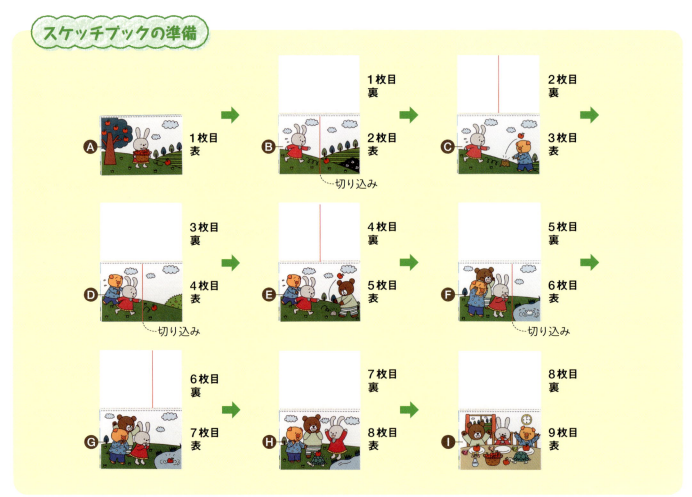

16

めくると…

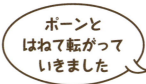

ポーンと
はねて転がって
いきました

季節のシアター

ページをめくります。

ウサギ あら大変！
　　　　まてまてリンゴー！

ウサギさんはリンゴを追いかけました。

転がるリンゴの部分をめくります。

すると草むらからブタさんが出てきました。

ブタ おいしそうなリンゴ！　アーン！

ブタさんは口を開けましたが、リンゴは切り株にぶつかって、ポーンとはねて転がっていきました。コロコロ、コロリーン！

まてまて
リンゴー！

ページをめくります。

ウサギさんとブタさんが
リンゴを追いかけます。

ウサギ **ブタ** まてまて
　　　　　　　リンゴー！

転がるリンゴの部分をめくります。

すると、草の間から顔を出したのは
クマさん。

クマ おいしそうなリンゴ！
　　　アーン！

口を開けましたが、
リンゴは石に当たって
ポーンとはねて転がっていきました。
コロコロ、コロリーン！

演じ方POINT
「リンゴはどこに転がっていくのかな？」などと子どもに問いかけて、やりとりをしても楽しめます。

ウサギさんとブタさん、クマさんが
リンゴを追いかけます。

ウサギ **ブタ** **クマ**
まてまてリンゴー！

ページをめくります。

池のそばまでコロコロ転がったリンゴは、
ボチャーンと落ちてしまいました。

ウサギ **ブタ** **クマ**
わー、もうだめだー！

わー、もうだめだー！

めくると…

みんなが目をつぶったその時です。

池の部分をめくります。

浮かんだリンゴが
池の岸までぷっかりぷっかり
戻ってきました。

動物たちの部分をめくります。

ウサギ **ブタ** **クマ**
あれあれ？　どうしたの？

あれあれ？
どうしたの？

演じ方POINT
「どうしてリンゴが戻ってきたのかな？」と不思議そうに問いかけて、子どもの興味を引きつけましょう。

ページをめくります。

ウサギ　ブタ　クマ

わー！　カメさんが運んでくれたよ。
やったー！　ありがとう。よかったね。

7

ページをめくります。

それではみんなで甘いリンゴを食べましょう。
ウサギさん、パクパク…、
ブタさん、ムシャムシャ…、
クマさんとカメさんもシャキシャキ…。
みんなで食べると楽しいね。
おいしいリンゴ、ごちそうさま！

季節のシアター

季節 秋

次々登場するシルエットがおもしろい！
お城でパーティー

型紙 ▶ P.90

PDF plan04

スケッチブックの準備

1

一体誰が住んでいるのかな？

1枚目を見せて持ちます。

大きなお城があります。
一体誰が住んでいるのかな？
もっと近くへ行って、のぞいてみましょう。

2

ページをめくります。

わっ！
窓に影が映っています。
♪あの影、何だろ、
何だろな？

子どもに問いかけて答えを聞きます。

演じ方POINT

「♪あの影…」の部分はリズミカルに言うと、子どもたちのワクワク感が増します。

3

手に持っているのは何かな?

三角帽子の魔法使いさんです

下半分をめくります。

手に持っているのは何かな?

子どもにヒントを出しながら問いかけ、上半分をめくります。

ほうきを持った、三角帽子の魔法使いさんです。
あっ、ここは魔法使いのお城ですね。

4

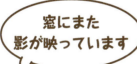

窓にまた影が映っています

ページをめくります。

おや? 窓にまた影が映っています。
うーん、今度は何かな?
♪あの影、何だろ、何だろな?

子どもに問いかけて答えを聞きます。

今度は何かな?

めくると…

下半分をめくります。

おやおや？　マントを着ているよ。

子どもにヒントを出しながら問いかけ、上半分を
めくります。

**わ、わ、わー、ドラキュラさんだ！
びっくりしたー！**

めくると…

ページをめくります。

**あれれ？　窓にはまた何だか大きなものが…。
♪あの影、何だろ、何だろな？**

子どもに問いかけて答えを聞きます。
下半分をめくります。

あれ？

クロネコさんも
隠れていたよ

上半分をめくります。

大きな大きなカボチャのおばけでした。
あれ？　でも後ろに何かいるけど…。

ページをめくります。

わー！
後ろにクロネコさんも隠れていたよ。
きっとみんなでパーティーを
していたんだね。

お菓子を
くれなきゃ、
いたずらするぞ！

ページをめくり、両面が見えるように持ちます。

さあ、今日はハロウィンです。
お菓子をくれなきゃ、いたずらするぞ！
トリック・オア・トリート！
クロネコさんもドラキュラさんも、
魔女さんも出かけました。
みんなもいっしょに行ってみませんか？

演じ方POINT

子どもたちと「トリック・オア・
トリート！」と大きな声で練習
してもよいでしょう。

季節のシアター

いっしょに呪文を唱えよう！
魔法使いのクリスマス

型紙 ▶ P.93
 plan05

スケッチブックの準備

1

魔法の呪文で
クリスマスツリーを
出してみるわね！

1枚目を見せて持ちます。

マジョリン 私は見習い中の
魔法使い、マジョリン。
今からクリスマスの準備をするの。
クリスマスツリーが必要だから、
魔法の呪文でクリスマスツリーを
出してみるわね！
うまくいくかしら？
マジョ、マジョ、マジョリン、
クリスマスツリー、エイッ！

ページをめくります。

マジョリン あらら…？
これ、クリスマスツリーじゃないわね。
ヤシの木だわ…、失敗失敗！
もう一度、マジョ、マジョ、マジョリン、
クリスマスツリー、エイッ！

> クリスマスツリーじゃないわね

めくると…

ヤシの木の部分をめくります。

マジョリン
今度は成功！
キラキラのツリーに
なったでしょう。
うーん、次は何を出そうかしら？
そうそう、
クリスマスのごちそうね。
マジョ、マジョ、マジョリン、
クリスマスのごちそう、エイッ！

演じ方POINT
「今度は成功するかな？」と問いかけながらめくると、ドキドキ感がさらに高まります。

ページをめくります。

マジョリン あら？
お皿とコップだけでごちそうがないわね…。
またまた失敗…。
もう一度！ マジョ、マジョ、マジョリン、
クリスマスのごちそう、エイッ！

> またまた失敗…

季節のシアター

5

「ほうらできた。おいしそうでしょう？」

お皿の上の部分をめくります。

「マジョ、マジョ、マジョリン」

マジョリン ほうらできた。おいしそうでしょう？
次は、忘れちゃいけない、
クリスマスケーキ！
イチゴのケーキがいいわ。
みんなもいっしょに魔法の呪文を言ってね。
マジョ、マジョ、マジョリン、
クリスマスケーキ、エイッ！

**マジョ、マジョ、マジョリン、
クリスマスケーキ、エイッ！**

6

「イチゴがこんなに大きくなっちゃった！」

ページをめくります。

マジョリン わー、びっくり！
みんなの大きな声で、
イチゴがこんなに大きくなっちゃった！
うれしいけど、ちょっと大きすぎたわ…。
もう一度、今度は小さな声で言ってね。
マジョ、マジョ、マジョリン、
クリスマスケーキ、エイッ！

**マジョ、マジョ、マジョリン、
クリスマスケーキ、エイッ！**

7

めくると…

イチゴの部分をめくります。

マジョリン ふぅ〜、ちょうどいい大きさになったわ。
クリスマスツリーとごちそうと、
ケーキの用意ができたから、
あとはお部屋の飾りつけだけね。
みんなもいっしょに呪文を言ってね。
マジョ、マジョ、マジョリン、
クリスマスの飾りつけ、エイッ！

マジョ、マジョ、マジョリン、
クリスマスの飾りつけ、エイッ！

8

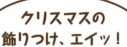
クリスマスの
飾りつけ、エイッ！

ページをめくります。

マジョリン わっ、わっ！
すごくにぎやかな飾りだけど…。
これって七夕飾りだね。
ちょっと違ったわ。
もう一度、やり直し！
マジョ、マジョ、マジョリン、
クリスマスの飾りつけ、エイッ！

演じ方POINT
七夕飾りが出てきたら、これは何の飾りか子どもたちに答えてもらっても楽しめます。

季節のシアター

9

めくると…

ページをめくり、両面が見えるように持ちます。

マジョリン ほら！　みんなでクリスマスの飾りつけをしているよ。

飾りつけをしている女の子の部分をめくります。

マジョリン 飾りつけが終わって、
おいしそうなごちそうもテーブルに並びました。
クリスマスパーティーが始まりましたよ！

♪ ランランラン　クリスマス
　イチゴのケーキに　ごちそういっぱい
　ランランラン　クリスマス

マジョリン とっても楽しい
クリスマスパーティーになりましたね！

クリスマスパーティーが始まりましたよ！

♪ **魔法使いのクリスマス**（「ぶんぶんぶん」の替え歌）　作詞：丸山ちか　ボヘミア民謡

ラン　ラン　ラン　　クリ　ス　マス　　イチ　ゴ　の　ケー　キ　に
ご　ち　そう　いっ　ぱい　ラン　ラン　ラン　　クリ　ス　マス

季節 冬

雪が降ったら何をしてあそぼうかな？
楽しい雪あそび

型紙 ▶ P.96
 plan06

季節のシアター

スケッチブックの準備

1

両面が見えるように持ちます。

雪がたくさん降って、野原は真っ白です。

[子どもたち] 雪だ雪だ！ わーいわーい！

子どもたちが集まってあそび始めました。

「野原は真っ白です」

2

[子どもたち] はじめは、雪合戦！ 行くぞー！ それー！

 左右に動かすと…

中央の部分を左右にめくって動かし、何度か繰り返します。

[子どもたち] わー冷たい！ よーし負けないぞ。 それー！ わー、きゃー！

③

ページをめくります。

> **子どもたち** よーし、今度は大きい雪だるまを作ろう！
> ギュッと雪を丸めて転がすよ。
> ころころころころ、大きくなーれ、
> ころころころころ、大きくなーれ！
> みんなもいっしょに言ってね。

「よーし、今度は大きい雪だるまを作ろう！」

**ころころころころ、大きくなーれ、
ころころころころ、大きくなーれ！**

④

演じ方POINT
ネズミの声が聞こえてきた場面では、不思議そうな表情でドキドキ感を高めましょう。

ページをめくります。

> **子どもたち** だいぶ大きくなったよ！
> でも、もっと大きくしてみよう。
> ごろごろ、もっと大きくなーれ、
> ごろごろ、もっと大きくなーれ！
> みんなもいっしょに言ってね。

ページを2枚めくります。

こんなに大きな雪だるまができました。
すると、雪だるまの後ろから誰かの声が聞こえました。

> **ネズミ** ねえ、ぼくたちも仲間に入れて！

おや？　誰でしょう？

**ごろごろ、もっと大きくなーれ、
ごろごろ、もっと大きくなーれ！**

めくると…

指さしながら、子どもに問いかけて答えを聞きます。

隠れているのは、だあれ？　細長いしっぽが見えていますよ。

　ネズミ！

ネズミの雪だるまの部分をめくります。

チューチュー！　ネズミさん、大当たり！

 これは誰かな？

 ウサギさん、大当たりー！

指さしながら、子どもに問いかけて答えを聞きます。

これは誰かな？　あれ？　長いお耳が見えていますよ。

　ウサギさんかな？

ウサギの雪だるまの部分をめくります。

ピョンピョン！　ウサギさん、大当たりー！

めくったネズミの雪だるまとウサギの雪だるまの部分を戻します。

「こっちの大きなフサフサのしっぽは誰かな?」

指さしながら、子どもに問いかけて答えを聞きます。

こっちの大きなフサフサのしっぽは誰かな?

「キツネさんでしょ!」

キツネの雪だるまの部分をめくります。

コンコン!　キツネさん、大当たり!

「コンコン!」

「おや?大きな葉っぱを持っていますよ」

指さしながら、子どもに問いかけて答えを聞きます。

今度は誰かな?　おや?
大きな葉っぱを持っていますよ。

「うーん、誰かな?」

よーく見て！ 長くて大きな鼻が見えるよ。
うーん、誰が隠れているのかな？

天狗の雪だるまの部分をめくります。

うわー、天狗さんが隠れていました！

うわー、天狗さんが隠れていました！

演じ方POINT
天狗とわからなくても「〇〇かな？」「〇〇じゃない？」という子どもとのやりとりを楽しみましょう。

季節のシアター

じゃあ、みんなで雪合戦をしてあそぼう！

ページをめくります。

じゃあ、みんなで雪合戦をしてあそぼう！
子どもたちと動物たち、天狗さんは
雪の中で元気いっぱい、
楽しくあそびました。

園行事

入園・進級の時期にぴったり
おひさま園へ出発！

型紙 ▶ P.100
PDF plan07

今日から
おひさま園が
始まるよ

演じ方POINT
「おひさま園」という園名を、実際の園名に置き換えても楽しめます。

1枚目を見せて持ちます。

ワン太郎 ぼく、ワン太郎。
今日からおひさま園が始まるよ。
お友だちを誘っていくんだ。

スケッチブックの準備

2

「誰のおうちだと思う？」

「おはよう！」

ページをめくります。

ワン太郎 ここは、
　　　　誰のおうちだと思う？

子どもに問いかけます。

ワン太郎 ドアにニンジンの
　　　　マークがあるでしょう。
　　　　ニンジンが大好きな
　　　　お友だちなんだ。

「ウサギ！」

ワン太郎 さあ、誰かな？
　　　　トントントン。

ドアをノックするようなしぐさをします。

ミミ はーい！

ページをめくります。

ワン太郎 ウサギのミミちゃんだよ。
　　　　おはよう！

ミミ おはよう！

園行事のシアター

3

めくると…

ページをめくります。

ワン太郎 次は、
　　　　誰のおうちだと思う？

子どもに問いかけます。

ワン太郎 ドアにお魚のマークが
　　　　ついているよ。
　　　　お魚が大好きな
　　　　お友だちなんだ。

「ネコ！」

ワン太郎 さあ、誰かな？
　　　　トントントン。

ドアをノックするようなしぐさをします。

ミケ はーい！

ページをめくります。

ワン太郎 子ネコのミケちゃんだよ。
　　　　今日からいっしょに
　　　　おひさま園に行くんだ。
　　　　おはよう！

ミケ おはよう！

④

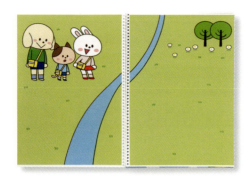

ページをめくり、両面が見えるように持ちます。

進んでいくと、川がありました。

ページをめくります。

ワン太郎くんとミミちゃんは、
ぴょんと跳び越えました。
ところが、小さいミケちゃんは怖くて跳べません。

演じ方POINT
涙をふくまねをするなど、跳ぶのを怖がっているのをオーバーに演じましょう。

---

⑤

めくると…

「大丈夫だよ。いっしょに跳ぼうね」

ワン太郎とミミちゃんの部分をめくります。

ワン太郎くんがミケちゃんのところに戻ってきてくれました。

ワン太郎 ミケちゃん
大丈夫だよ。
いっしょに跳ぼうね。

木の部分をめくります。

ミケ ありがとう！
ワン太郎お兄ちゃん！

ワン太郎 えへへ、
お兄ちゃんって
言われたの
初めてだ！

演じ方POINT
あらかじめ演じる前に、ページをめくる位置と順番を確認しておきましょう。

「みんなで
おひさま園に行こうね！」

ページをめくります。

ミケちゃんはワン太郎くんといっしょに跳び越え川を無事に渡ることができました。

ワン太郎 さあ、みんなでおひさま園に行こうね！

園行事のシアター

ページをめくります。

ミミ もうすぐだよ

ワン太郎 がんばれ、がんばれ！
あと少し。

ミミ ほら着いたよ。

おひさま園が見えてきました。
クマ先生が手を振っています。

クマ先生 おはよう！　待ってたよ！

ワン太郎 **ミミ** **ミケ**
おはようございます。

「園でたくさん
あそぼうね！」

ページをめくります。

おひさま園では、砂場あそびに、
すべり台、鬼ごっこ。
お友だちが楽しくあそんでいます。
みんなも、園でたくさんあそぼうね！

園行事

お誕生会の出し物にぴったり！
みんな集まれ誕生会

型紙 ▶ P.104

plan08

「今日はお誕生会です」

1枚目を見せて持ちます。

今日はお誕生会です。これからお誕生会の準備をしますよ。問題を出すので、何を準備するのか当ててね。

スケッチブックの準備

2

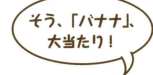
そう、「バナナ」、大当たり!

めくると…

園行事のシアター

ページをめくります。

ひとつでも7という果物なーんだ?

子どもに問いかけて答えを聞きます。

 バナナ!

真ん中の部分をめくります。

そう、「バナナ」、大当たり!

演じ方POINT
なかなか答えが出ない場合は、「7の数字と同じ色の果物だよ」などとヒントを出しましょう。

 3

「ミル」という飲み物なーんだ?

めくると…

ページをめくります。

目をつぶって飲んでも「ミル」という飲み物なーんだ?

子どもに問いかけて答えを聞きます。

 ミルク!

真ん中の部分をめくります。

そう、「ミルク」、大当たり!

ページをめくります。

では次の問題です。冷たくて座れない「イス」なーんだ？

子どもに問いかけて答えを聞きます。

 アイス！

真ん中の部分をめくります。

そう、みんなが大好きな「アイス」でした！

めくると…

ページをめくります。

バナナにミルク、アイス、これでお誕生会の用意はできました。
あっ、そうそう、大事なものを忘れていました。
甘くておいしく食べられる「キ」、これなーんだ？

ページをチラチラと何度かめくりながら、子どもに問いかけて答えを聞きます。

 うーん、ケーキかな？

真ん中の部分をめくります。

大当たり！　正解はケーキでした。

ページをめくります。

これで準備はできました。あとはお客様を待つだけです。
では、最後の問題です。
お誕生会にやってくるお客様は、
この四つの乗り物のうち、何に乗ってくるでしょう？

子どもに問いかけて答えを聞きます。

何だろう？

演じ方POINT
「これかな？」と乗り物をひとつずつ指さしながら子どもといっしょに考えると、会話も広がります。

園行事のシアター

だってハッピー「バス」デーだからね！

ページをめくります。

答えは「バス」です。
だってハッピー「バス」デーだからね！

楽しい誕生会を始めましょう！

ページをめくります。

さあ！　みんな集まりました。
おいしいお菓子の用意もできましたよ。
楽しい誕生会を始めましょう！

園行事

どんなプレゼントが喜ばれるかな
プレゼントはなあに？

型紙 ▶ P.108
PDF plan09

1枚目を見せて持ちます。

もうすぐ浦島太郎さんの誕生日です。
プレゼントは何がいいか、聞いてみましょう。
浦島太郎さんが欲しいものは何ですか？

浦島太郎 うーん、私は毎日海で働いているので、海で役に立つものがいいな。

海で役に立つものがいいな

スケッチブックの準備

「どれをプレゼントしたいですか？」

ページをめくり、両面が見えるように持ちます。

では、四つのプレゼントを用意しました。
どれも海で役に立つものばかりです。
みんなは、①番、②番、③番、④番の
どれをプレゼントしたいですか？

子どもに問いかけ、いちばん答えが多かった番号のプレゼントを開けます。

演じ方POINT
プレゼントの箱を指さしながら、何が入っているか子どもたちと想像しても楽しいでしょう。

園行事のシアター

「釣竿が入っていました！」

じゃあ、答えが多かった④番を開けてみますね。

④番を上へめくります。

わー、釣竿が入っていました！
浦島太郎さん、釣竿はどうですか？

浦島太郎 ちょうど新しい釣竿が欲しいと思っていたんだ！
これで魚をいっぱい釣るぞ！

---

①番の水着の場合

水着はどうですか？

浦島太郎 おしゃれな水着、とってもうれしいな！

②番の浮き輪の場合

浮き輪はどうですか？

浦島太郎 海で休む時に役に立つね！

③番の図鑑の場合

図鑑はどうですか？

浦島太郎 魚を調べるのに便利だね！

ページをめくります。

それでは、浦島太郎さんには釣竿をプレゼントしましょう。
みんなでお祝いの歌を歌いますよ。

> ♪ もうすぐ たんじょうび　おめでとう　おめでとう
> 　うらしまさんに　すてきな　プレゼント
> 　つりざお　あげましょう

おめでとうございます！

別紙の釣竿を貼ります。

浦島太郎 ありがとう！

演じ方POINT
ここでは釣竿を貼っていますが、子どもたちの答えに応じて保育者や浦島太郎のセリフ、貼るものを変えましょう。

プレゼントは
何がいいですか？

ページをめくります。

次のお誕生日は、シンデレラさん。
プレゼントは何がいいですか？

シンデレラ 私、12時を過ぎると魔法がとけて、
元の姿に戻っちゃうの。
だから困ったときに
使えるものがいいな…。

ページをめくり、両面が見えるように持ちます。

さあ、それでは、四つのプレゼントを用意しました。
どれもシンデレラさんにぴったりなものです。
みんなは、①番、②番、③番、④番
どれをプレゼントしたいですか？

子どもに問いかけ、いちばん答えが多かった番号のプレゼントを開けます。

7

じゃあ、答えが多かった④番を開けてみますね。

④番を上へめくります。

素敵な腕時計が入っていました。
シンデレラさん、腕時計はどうですか？

シンデレラ 時間がわかれば魔法がとける前に帰れるし、小さくて持ちやすいからとっても役立つわ！

演じ方POINT
めくる時は「何が入っているかな？」などと言い、子どもたちのワクワク感を高めましょう。

園行事のシアター

---

①番の靴の場合

靴はどうですか？

シンデレラ 急いで帰らなきゃいけない時に走りやすいね。

②番のネックレスの場合

ネックレスはどうですか？

シンデレラ キラキラして素敵！舞踏会のドレスにぴったりだわ。

③番のバッグの場合

バッグはどうですか？

シンデレラ わぁ、舞踏会に持っていけるからうれしい！

8

ありがとう！

ページをめくります。

それではシンデレラさんには、腕時計をプレゼントしましょう。
みんなでお祝いの歌を歌いますよ。

♪ もうすぐたんじょうび　おめでとう　おめでとう
　シンデレラさんに　すてきな　プレゼント
　うでどけい　あげましょう

おめでとうございます！

4と同じように、別紙の腕時計を貼ります。

シンデレラ ありがとう！

9

> さみしいわ…

ページをめくります。

次のお誕生日は星の世界に住んでいる織姫様。
プレゼントは何がいいですか？

織姫 私、彦星様と会えるのは一年に一度、
七夕の日の空が晴れた時だけなの。さみしいわ…。
毎日、彦星様とお話しできたら楽しくなるのに…。

10

ページをめくり、両面が見えるように持ちます。

それでは、織姫様と彦星様が
お話しできる道具をプレゼントしましょう。
①番、②番、③番、④番の
どれをプレゼントしたいですか？

> ④番はお手紙
> セットですね

演じ方POINT
糸電話以外のものを開けたら、
「それも○○できるから便利
だね」などと答えましょう。

子どもに問いかけ、答えが多かった番号から順に、
ひとつずつめくって見せます。

①番は双眼鏡、②番はメガホン、
③番は糸電話、④番はお手紙セットですね。
織姫様はどれが欲しいですか？

織姫 うーん、双眼鏡は遠くが見えるけど、お話しできないし、
メガホンは私、大きな声が出せないの。
それに星の世界に郵便やさんがいないから
お手紙も出せないの…。
だから、小さな声でもお話しできる糸電話がいいわ！

> ③番は糸電話

園行事のシアター

♪おりひめさまに すてきな
プレゼント いとでんわ
あげましょう

ページをめくります。

それでは織姫様には、糸電話をプレゼントしましょう。
みんなでお祝いの歌を歌いますよ。

♪ もうすぐたんじょうび おめでとう おめでとう
おりひめさまに すてきな プレゼント
いとでんわ あげましょう

おめでとうございます！

織姫　ありがとう！

みんな、素敵なプレゼントをもらって喜んでいます。
よかったですね！

園行事

満員 遠足バス
みんなを乗せて出発進行！

型紙 ▶ P.113
PDF plan10

1枚目を見せて持ちます。

今日はいいお天気！
遠足バスが出発しますよ。

ネズミ チューチュー！

おや？　声が聞こえましたよ。
やってきたのは誰でしょう？

子どもに問いかけて答えを聞きます。

演じ方POINT
スケッチブックを、バスが走っているように小刻みに動かしても楽しいでしょう。

遠足バスが出発しますよ

スケッチブックの準備

※登場する動物やタイヤがずれないよう、スケッチブックの右端の角と必ず合わせて貼ります

※B-1、B-2、B-3、B-4、I-1は貼る方向に気をつけましょう

2

切り込みをめくり、ネズミを見せます。

チューチュー！
一番乗りはネズミさんです。

ネズミ わーい！
　　　　乗せて乗せてー！

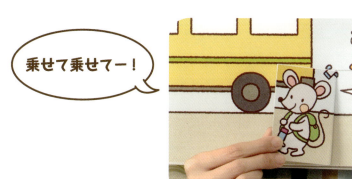

「乗せて乗せてー！」

3

ページをめくります。
次にやってきたのは誰でしょう？

ウサギ ピョーンピョーン！

子どもに問いかけて答えを聞きます。

4

切り込みをめくり、ウサギを見せます。

ピョンピョン！
駆け足でウサギさんがやってきました。

ウサギ わーい！　乗せて乗せてー！
ネズミ どうぞ！

5

「誰でしょう？」

ページをめくります。
次にやってきたのは誰でしょう？

ブタ ブヒブヒブヒ！

子どもに問いかけて答えを聞きます。

園行事のシアター

6

> 走ってきたのは
> ブタさんです

切り込みをめくり、ブタを見せます。

走ってきたのはブタさんです。

ブタ わーい！ 乗せて乗せて！

ネズミ **ウサギ** どうぞ！

7

ページをめくります。

**次にやってきたのは、誰でしょう？
チラッと、白と黒の体が見えましたよ。**

切り込みをチラチラとめくります。

ネズミ **ウサギ** **ブタ**
わあ、大きなパンダさんだ！

切り込みをめくり、パンダを見せます。

パンダ 乗せて乗せて！

ネズミ **ウサギ** **ブタ**
えー！ もう満員で乗れないよ。

めくると…

演じ方POINT
パンダをチラチラと見せる場面では、クイズ形式にしてもよいでしょう。

8

> わー、
> いっぱいだ！

パンダ 乗りたい！ 乗りたーい！ がんばって乗るぞ。

ネズミ **ウサギ** **ブタ**
えー、無理だよー！

パンダ よいしょ…、やったー、乗れたよ！

ページをめくります。

ネズミ **ウサギ** **ブタ**
わー、いっぱいだ！ でもみんな乗れたからしゅっぱーつ！

9

めくると…

ページをめくります。
ところが、バスが動き出したとたん…。
パ〜アン！
折り目を上にめくります。
タイヤがパンクしてしまいました。

`ネズミ` `ウサギ` `ブタ`
えー！ 困ったね、どうしよう…。

10

ページをめくります。

`パンダ` 大丈夫、ぼくが修理やさんまで
押していってあげる！
よいしょよいしょ。

`ネズミ` `ウサギ` `ブタ`
わあ、パンダさん、力持ちだね。ありがとう。
修理やさんがタイヤを直してくれました。
これならパンダさんが乗っても大丈夫！

`ネズミ` `ウサギ` `ブタ`
わーい、よかったよかった！

園行事のシアター

11

ページをめくります。
バスは山道も坂道もどんどん走っていきます。

♪ えんそくバスだ　ブブブー　ブブブー
　 みんなといっしょ
　 たのしいねー

森のアスレチック公園に着きました。
みんな元気にあそび始めましたよ。
とっても楽しい遠足になりましたね！

♪ **遠足バス**（「ロンドン橋」の替え歌）　作詞：丸山ちか　イギリス民謡

園行事

運動会への期待を高める
元気いっぱい運動会

型紙 ▶ P.116
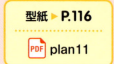

1枚目を見せて持ちます。

今日は、動物たちの運動会の日です。最初は、玉入れです。よーい、はじめ！

演じ方POINT
運動会のようすは、実況中継をするように話すと盛り上がります。

よーい、はじめ！

※ **I** は、**H** の右端とつながるように位置や紙の表裏に注意しましょう

2

めくると…

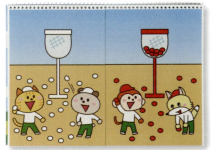

赤組の部分をめくります。

あ！　赤組に玉が入ってきました。
白組がんばれ！

3

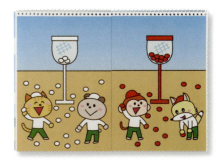

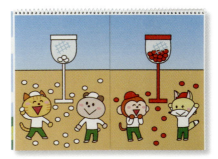

白組の部分をめくります。

白にも少しずつ玉が入ってきました。

赤組の部分をめくります。

赤組はもっとたくさん入りました。勝ったのは赤組かな？

4

おやおや？

白組の部分をめくります。

白組は追いつきそうにありません。
あー、もうだめだー！
おやおや？
白組に誰かやってきましたよ。

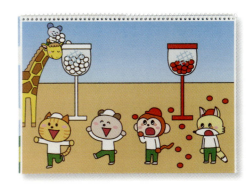

ページをめくります。

白組でいちばん背の高いキリンくんが
やってきて、たくさん玉を入れました。
ピピー！　おしまいです。

子どもに問いかけて答えを聞きます。

さあ、どちらがたくさん入ったかな？

白組！

園行事のシアター

5

> 白組も
> すごい力です

ページをめくります。

次は、綱引きです。
力いっぱい綱を引っ張りましょう。
よーい、はじめ！

ページをめくります。

オーエス、オーエス、
がんばれー！
赤組が引っ張っています。

ページをめくります。

白組もすごい力です。
赤組が引きずられていきます。

6

演じ方POINT

ゆっくりと紙を出すと、何が出てくるのだろうと子どもたちの期待が高まります。

ページをめくります。

赤組が負けそうです。
そのとき、赤組の綱を
ググっと引っ張ったのは、
誰でしょう？

裏側からゾウの部分を少しずつ引き出します。

> ゾウだ！

赤組でいちばん力持ちの
ゾウさんのおかげで
綱引きは、赤組が勝ちました。

7

ページをめくります。

最後は、「いろいろレース」です。
平均台を渡ったり、
跳び箱を越えたりします。
みんな並んで、よーい、ドン！

8

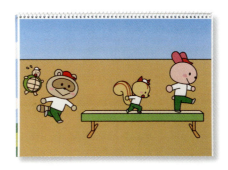

ページをめくります。

最初に飛び出したのはウサギさん。
平均台をスイスイ進んでいきます。

ページをめくります。

次は、跳び箱が待っています。
ここでもウサギさんはスイスイ！
あっという間に見えなくなりました。

「ウサギさんはスイスイ！」

園行事のシアター

9

「おやおや？　大変！」

ページをめくります。

最後は、網くぐりです。
おやおや？　大変！
ウサギさんは長い耳が引っかかって
なかなか前に進めません。

その間に、手足をひっこめた
カメさんが転がりながら
進んでいきます。
カメさん、早い早い！

ページをめくります。

いちばんにゴールしたのは
カメさんでした。
みんな一生懸命がんばって
楽しい運動会になりました。

「楽しい運動会になりました」

| 生活習慣 | 絵の組み合わせを楽しんで

したくはできたかな？

型紙 ▶ P.120
PDF plan12

スケッチブックの準備

A　1枚目表
B　1枚目裏／2枚目表
C　2枚目裏／3枚目表
D　3枚目裏／4枚目表
E　4枚目裏／5枚目表

切り込み

今からしたくをするよ

1枚目を見せて持ちます。

男の子　おはよう！
これから園に行くんだ。
今からしたくをするよ。

園に行くときは、何がいるかな？

男の子　帽子がいるね！　どれかな？

顔の部分をめくり、園帽子のページにします。

男の子　帽子をかぶったよ。
次は、靴をはかなくちゃ。

足の部分をめくり、運動靴のページにします。

男の子　これで用意ができた！
お友だちとあそぶんだ！
かばんを持って、行ってきます。

3

「これかな?」

めくると…
めくると…

次の日です。
今日は、朝から雨が降っています。
雨が降ったときのしたくは、
どうすればいいのかな?

顔や足の部分をめくり、いろいろなページを見せながら子どもに問いかけます。

これかな?　これかな?

男の子 レインコートを着て、
傘と長靴がいるね!

演じ方POINT

いろいろなページをランダムにめくり、ちぐはぐな絵の組み合わせにすると盛り上がります。

生活習慣のシアター

4

「遠足にしゅっぱーつ!」

「宇宙服になっちゃったね!」

「遠足に行くなら」「海で泳ぐなら」と子どもに問いかけながら、顔や足の部分をめくります。絵の組み合わせを変えながら、子どもたちと自由にやりとりします。

遠足に行くときは、どんなしたくかな?
そう、リュックサックと水筒だね。
遠足にしゅっぱーつ!

顔や足の部分をめくり、宇宙服のページを見せます。

あれ?　これはどこに行くのかな?
宇宙服になっちゃったね!

57

生活習慣

歯みがきの大切さを知るきっかけに
虫歯キンに負けないぞ

型紙 ▶ P.122
PDF plan13

「おなかが減ったなー！」

1枚目を見せて持ちます。

虫歯キン ここは虫歯キン王国。おなかが減ったなー！
そうだ、食べ物探しに出かけよう。
食べた後に歯みがきしていない子を探すんだ！

スケッチブックの準備

「お菓子を食べているぞ！」

ページを2枚めくります。

子ども いただきまーす。
　　　　ムシャムシャ、パクパク…
　　　　おいしいね！

半分に折った部分を前に出して見せます。

虫歯キン あっ！
　　　　　子どもたちが
　　　　　お菓子を食べているぞ！

演じ方POINT
後から登場する虫歯キンが見えないよう、2枚をいっぺんにめくります。

生活習慣のシアター

「ごちそうさまでした」

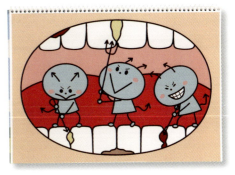

ページをめくります。

子ども あー、おいしかった！
　　　　ごちそうさまでした。

虫歯キン それ、今がチャンスだ！
　　　　　口の中に入っちゃおう！

ページをめくります。

虫歯キン うわー、おいしい食べかすがいっぱい！
　　　　　こっちにもたくさんあるぞ。
　　　　　うーん、うまい、うまい！

ペープサート1を持ちます。

すると、そこに現れたのは歯みがきミガッキー！

ミガッキー 虫歯になんてさせないぞ！
シュワシュワ攻撃だ！

ペープサートを歯に近づけて動かします。

虫歯キン わっわっ、苦しいー！

演じ方POINT

実際に歯をみがいているように、ペープサートを上下左右に動かしましょう。

「アワアワ攻撃だー！」

「こりゃたまらん、逃げろー！」

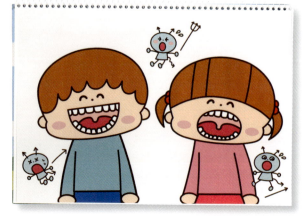

ページをめくり、ペープサート1を **5** と同じように動かします。

ミガッキー アワアワ攻撃だー！

ペープサート1を置き、ページをめくります。

虫歯キン うわー、目が回るー！
こりゃたまらん、逃げろー！

虫歯キンが逃げ出しました。

ページをめくり、ペープサート2（表）を持ちます。

**みんなは歯みがきできるかな？
ミガッキーといっしょにみがいてみよう。**

ペープサート2（表）を歯に近づけて動かします。

**はじめは「あー」の口。
上の歯、下の歯シャカシャカシャカ。
奥までみがこう、シャカシャカシャカ！**

「シャカシャカシャカ！」

ページをめくり、ペープサート2（裏）を持って**7**と同じように動かします。

**次は「いー」の口。
前歯をみがこう、シャカシャカシャカ。
上、下、上、下、シャカシャカシャカ！**

「ピカピカきれいな歯になりました！」

ペープサート2を置き、ページをめくります。

**ほら、ピカピカきれいな歯になりました！
みんなも虫歯キンに負けないように、
食べたら歯みがきを忘れないでね。**

生活習慣のシアター

生活習慣	次々に登場するお弁当は誰のかな？

お弁当いただきます

型紙 ▶ P.125
PDF plan14

スケッチブックの準備

1

「これは誰の
お弁当でしょう？」

めくると…

1枚目を見せて持ちます。

お弁当の時間になりました。
これは誰のお弁当でしょう？
ふたを開けてみますよ。

お弁当箱の部分をめくります。

中に入っているのは…？

2

入っているものを一つずつ
指さします。

イワシ、ニボシ、サンマに
シシャモ…、
お魚がいっぱいです。
うーん、誰のお弁当かな？

子どもに問いかけて答えを
聞きます。

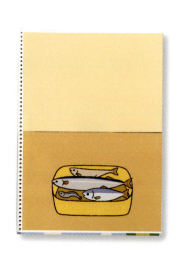

上半分をめくります。

ニャーニャー！ ネコさんのお弁当でした。

子どもといっしょに「おべんとうはたのしいな」の1番を歌います。

1番

♪ **おべんとうはたのしいな　ふたをあけたらとびだすよ
イワシ　ニボシ　サンマにシシャモ　おさかないっぱい
これ　ネコさんのおべんとう　ニャオー**

めくると…

ニャーニャー！

演じ方POINT

動物の鳴き声やポーズをまねしながら演じると、盛り上がります。

生活習慣のシアター

めくると…

野菜がいっぱい入っているね

ページをめくります。

次のお弁当は誰のかな？
ふたを開けてみましょう。

お弁当箱の部分をめくります。

何が入っているかな？

入っているものを一つずつ指さします。

イモ、ニンジン、ミツバにシイタケ…、
野菜がいっぱい入っているね。
誰のお弁当かな？

子どもに問いかけて答えを聞きます。

上半分をめくります。

ピョンピョン！
ウサギさんのお弁当でした。

子どもといっしょに「おべんとうはたのしいな」の2番を歌います。

2番

♪ **おべんとうはたのしいな
ふたをあけたらとびだすよ
イモ　ニンジン　ミツバにシイタケ
おやさいいっぱい　これ
うさぎさんのおべんとう　ピョン**

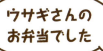

ウサギさんのお弁当でした

63

ページをめくります。

次のお弁当は誰のかな？
ふたを開けてみましょう。

お弁当箱の部分をめくります。

何が入っているかな？

入っているものを一つずつ指さします。

肉だんご、ベーコン、焼き肉、とんかつ…、
お肉がいっぱいです。誰のお弁当かな？

子どもに問いかけて答えを聞きます。

何が入っているかな？

めくると…

演じ方POINT

おかずを指さしながら、何が入っているか答えてもらってもよいでしょう。

ガオー！

上半分をめくります。

ガオー！
正解はライオンさんの
お弁当でした。

子どもといっしょに「おべんとうはたのしいな」の3番を歌います。

3番

♪ おべんとうはたのしいな
　ふたをあけたらとびだすよ
　ニクダンゴ　ベーコン　ヤキニク
　トンカツ　おにくがいっぱい　これ
　ライオンさんのおべんとう
　ガオオ〜

ページをめくります。

次のお弁当を開けてみましょう。
ふたを開けてみると…？

お弁当箱の部分をめくります。

何が入っているかな？

入っているものを一つずつ指さします。

肉、魚、ごはんに野菜…、
栄養満点ですね。誰のお弁当かな？

子どもに問いかけて答えを聞きます。

誰の
お弁当かな？

上半分をめくります。

**これはみんなの
お弁当でした！**

子どもといっしょに「おべんとうはたのしいな」の4番を歌います。

4番
♪ おべんとうはたのしいな
　ふたをあけたらとびだすよ
　ニク　サカナ　ゴハンにヤサイ
　えいようまんてん　これ
　みんなのおべんとう
　ワーイ「いただきまーす」

ページをめくり、両面が見えるように持ちます。

おいしそうなお弁当ですね。ネコさん、ウサギさん、ライオンさん、みんなそろって、いただきまーす！　むしゃむしゃぱくぱく、おいしいね！

ページをめくります。

みんなおいしいお弁当をぜーんぶ食べて、おなかいっぱい！
ごちそうさまでした！

生活習慣のシアター

生活習慣

みんなだったら、なんて言う？
あーそぼ あそぼ！

型紙 ▶ P.129

PDF plan15

スケッチブックの準備

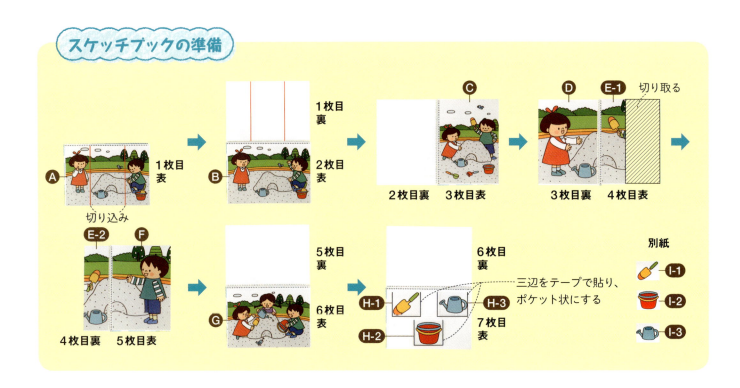

1

1枚目を見せて持ちます。

にこにこ園の砂場でお友だちが
あそんでいるのを、
はるちゃんが見ています。

はるちゃん おもしろそうだなー。
いっしょにあそびたいな。
どうしたらいいのかな？

こんなとき、みんなはなんて言うの？

子どもに問いかけて答えを聞きます。

  いれて！

「いれて！」って言うといいのかな？
はるちゃんも「いれて！」って
言ってみよう。

演じ方POINT

「いっしょにあそぼう」など子
どもたちから違う答えが出て
きたら、そのままセリフにし
てもよいでしょう。

みんなは
なんて言うの？

 めくると…

「いれて！」

はるちゃんは、勇気を出して言ってみました。
女の子の部分をめくります。

はるちゃん いれて！

演じ方POINT
切り込みの部分は、前から後ろへとめくります。めくり方を確認しておきましょう。

男の子の部分をめくります。

男の子 いいよ！

お友だちが仲間に入れてくれました。

はるちゃん わーい！　ありがとう！

めくると…

「いいよ！」

「ありがとう！」

生活習慣のシアター

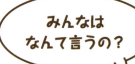

ページをめくり、向きを変えます。

あそんでいるうちに、はるちゃんは、
お友だちが使っているシャベルを
使いたくなりました。
こんなとき、みんなはなんて言うの？

めくると…

ページをめくり、両面が見えるように持ちます。
子どもに問いかけて答えを聞きます。

 「かして」だよ！

「かして」って言うの？
はるちゃんも「かして」って言ってみよう。

（はるちゃん） かして。

中央の部分をめくります。

（男の子） いいよ。はい、どうぞ。

演じ方POINT

シアター後に、友だちから借りたあとは、
なんて言うのかな？など、ほかのシーンに
広げて話し合ってみる機会にしても。

ページをめくり、向きを変えます。

**お友だちもやってきて、
大きな山を作って
トンネルを掘ったり、
水を流して川を作ったり、
とっても楽しくあそびました。
やがて、声が聞こえてきました。
お片づけの時間ですよ。
さあ、みんなお片づけしましょう！**

どこに、しまうのかな？

生活習慣のシアター

ページをめくり、バケツのカードを持ちます。

**バケツのおうち、シャベルのおうち、じょうろのおうちがあるよ。
このバケツはどこに、しまうのかな？**

子どもに問いかけて答えを聞きます。

バケツのカードをポケットに入れます。

同じように、シャベルのカード、じょうろのカードでも行います。

**みんな自分のおうちに帰ったよ。
きれいに片づけができたね。
また明日もみんなであそぼうね！**

クイズ

何が見えるかワクワクドキドキ！
虫めがねでのぞいたよ

型紙 ▶ P.131

 plan16

1枚目を見せて持ちます。

私が持っている虫めがね。
これを使うとなんでも大きく見えますよ。
ちょっとのぞいてみましょう。

スケッチブックの準備

2

 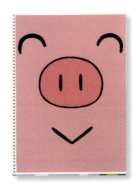 

演じ方POINT
「あれ？ ボタンかな？」などとあえて別のものを言うと、子どもの想像が広がります。

ページをめくります。

丸いところに穴が二つ見えました。
さあ、これは何かわかるかな？ ボタンかな？

子どもに問いかけて、いろいろな答えを聞きます。

じゃあ、もうちょっと見てみますね。

ページをめくります。

さっきよりもっと大きく見えました。何かわかるかな？

子どもに問いかけて答えを聞きます。

 ブタさん！

ページをめくります。

大当たり！ ブタさんでした

 3

 ふしぎな形の茶色い模様…

キリンさんでした

ページをめくります。

次に見えるのは何でしょう。ふしぎな形の茶色い模様…。
チョコレートクッキーかな？

子どもに問いかけて、いろいろな答えを聞きます。

もうちょっと見てみますね。

ページをめくります。

ん？ ホットケーキかな？

子どもに問いかけて、答えを聞きます。

 あっ、キリンさん！

ページをめくります。

大当たり！ キリンさんでした。

「白と黒の
しましまの
模様ですね」

ページをめくります。

次に大きく見えたのは
何でしょう。
あれ？
白と黒のしましまの
模様ですね。

子どもに問いかけて、いろいろな答えを聞きます。

もうちょっと見てみますね。

ページをめくります。

しましまの洋服かな？
みんなは何だと思う？

「あれ？
でも、さっきと色が
違うね…」

「正解は
シマウマさん
でした！」

子どもに問いかけて答えを聞き、ページをめくります。

トラさんでした！
あれ？　でも、さっきと色が違うね…。

ページをめくります。

あー、やっぱり違っていたね。
正解は、シマウマさんでした！

6

うーん、
さっきとあまり
変わらないね

ページをめくります。
次に大きく見えたのは何でしょう。
あれれ？　次も白と黒だけど…
またシマウマさんかな？
もうちょっと見てみますね。

ページをめくります。
うーん、さっきとあまり変わらないね。
じゃあ、ちょっと質問してみましょう。
好きな食べ物は何ですか？

演じ方POINT
質問をする場面では、スケッチブックに耳を近づけるようにしてもよいでしょう。

7

何だろう…？

なになに、笹の葉っぱ？
笹の葉っぱが好きな、
白と黒の動物…、何だろう…？

子どもに問いかけて、答えを聞きます。

 **わかった、パンダさん！**

じゃあ、めくってみるよ。いち、にの、さん！

ページをめくります。

わあ、白と黒のパンダさんでした！　大当たり！
また虫めがねでいろいろのぞいてみようね。

クイズのシアター

クイズ
足あとをヒントにして考えよう
レストランのお客様

型紙 ▶ P.135
PDF plan17

1ページ目（13枚目が1ページ目になります）を見せて持ちます。

森に新しいレストランができました。
とってもおいしいって評判です。
お客さんが次々にやってきましたよ。

「お客さんが次々にやってきましたよ」

スケッチブックの準備

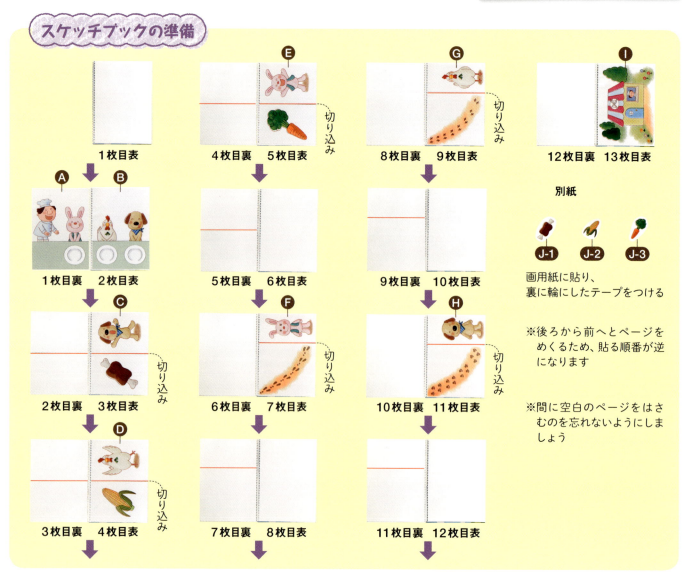

2

めくると…

白紙のページと足あとの部分をいっしょに後ろから前へとめくります。

この足あとは誰でしょう?

子どもに問いかけて答えを聞きます。

ワワワン、この声は誰でしょう?

イヌの部分を後ろから前へとめくります。

イヌさんでした。

演じ方POINT
先に答えが見えてしまわないよう、めくる順番や枚数などを事前に確認しておきましょう。

クイズのシアター

3

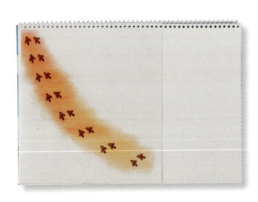

白紙のページと足あとの部分をいっしょに後ろから前へとめくります。

次の足あとは誰でしょう?

子どもに問いかけて答えを聞きます。

コッ、コッコッ、この声は誰でしょう?

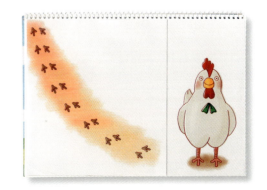

ニワトリの部分を後ろから前へとめくります。

ニワトリさんでした。

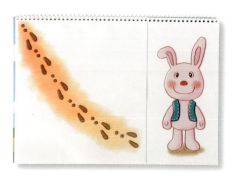

 ウサギ！

白紙のページと足あとの部分をいっしょに後ろから前へとめくります。

この足あとは誰でしょう？

子どもに問いかけて答えを聞きます。

ピョンピョン、元気にジャンプしていますよ。

ウサギの部分を後ろから前へとめくります。

ウサギさんでした。

演じ方POINT
手をウサギの耳のようにするなど、ジェスチャーでヒントを出しても。

白紙のページとウサギの部分をいっしょに後ろから前へとめくります。

レストランに入ると、コックさんが聞きました。トウモロコシ、ニンジン、お肉があります。どれにしますか？

食べ物の部分をめくり、お肉のページを見せます。

ウサギ あれれ、お肉はちょっと…。

演じ方POINT
動物と食べ物は自由に組み合わせましょう。子どもたちに何がよいか聞いてみるのもおすすめです。

あれれ、お肉はちょっと…

食べ物の部分をめくり、ニンジンのページを見せます。

ウサギ ニンジンがいいな。おいしそう！

白紙のページとニワトリの部分をいっしょに後ろから前へとめくります。
ウサギと同じように行います。

ニワトリ トウモロコシ大好き！

白紙のページとイヌの部分をいっしょに後ろから前へとめくります。
ウサギと同じように行います。

イヌ お肉、食べたい！

ページを後ろから前へとめくり、両面が見えるように持ちます。
別紙のトウモロコシを持ちます。

**みんなのメニューが決まったので、お皿にのせていきましょう。
ニワトリさんには、トウモロコシ、はい、どうぞ。**

別紙のトウモロコシをニワトリのお皿に貼り、同じようにウサギとイヌのお皿にも食べ物を貼ります。

イヌ わー、おいしそう！
ウサギ みんなで食べましょう。
ニワトリ いただきます！

みんなおなかいっぱい食べました。

クイズのシアター

クイズ

誰のしっぽか考えてみよう！
しっぽしっぽだーれ？

型紙 ▶ P.138
PDF plan18

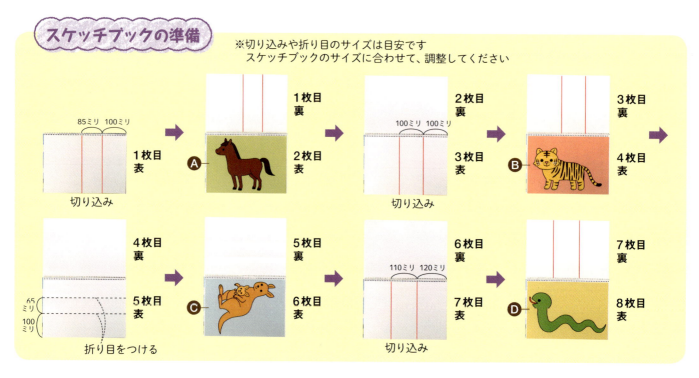

スケッチブックの準備

※切り込みや折り目のサイズは目安です
スケッチブックのサイズに合わせて、調整してください

1

1枚目を見せて持ちます。

ここを開くと、いろいろなしっぽが出てきますよ。
誰のしっぽか、みんなで当ててね。

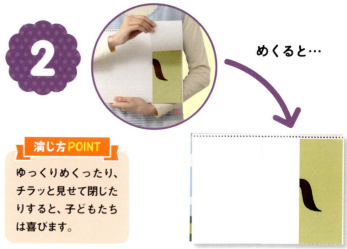

2

めくると…

演じ方POINT
ゆっくりめくったり、チラッと見せて閉じたりすると、子どもたちは喜びます。

しっぽの部分をめくります。

最初のしっぽはこれです。♪しっぽ　しっぽ
だーれだ？　茶色くて、ふさふさのしっぽですね。

子どもに問いかけて答えを聞きます。

うーん、何かな？　もう少し開けてみますよ。
真ん中の部分をめくります。
茶色い足だね。わかったかな？
子どもに問いかけて答えを聞きます。

何だろう？　こちら側も
開けてみますね。

ウマ！

頭の部分をめくります。
あ！　ウマさんでした。
大当たりー！

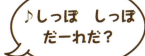♪しっぽ　しっぽ　だーれだ？

ページをめくります。
次のしっぽは…。♪しっぽ　しっぽ　だーれだ？
しっぽの部分をめくります。
長くて、しましま模様のしっぽですね。何かな？
子どもに問いかけて答えを聞きます。

真ん中の部分をめくります。
しましまの足が見えました。わかったかな？
子どもに問いかけて答えを聞きます。
残りも開けてみましょう。

トラ！

頭の部分をめくります。
わー！　トラさんでした。

めくると…

クイズのシアター

ページをめくり、向きを変えます。
折り目を折って見せます。

次のしっぽは何かな？
♪しっぽ　しっぽ　だーれだ？
うーん、これは太くて強そうな
しっぽですね。

子どもに問いかけて答えを聞きます。

もう少し開けてみますね。

さらに折り目を折って見せます。

あれ？　大きな足ですね。
わかったかな？

子どもに問いかけて答えを聞きます。

二つ目の折り目
を折ると…

カンガルー！

折り目をすべて開きます。

正解は、おなかの袋に赤ちゃんがいる、
カンガルーさんでした！

ページをめくり、向きを変えます。

次のしっぽは？
♪しっぽ　しっぽ　だーれだ？

しっぽの部分をめくります。

くねくねしたしっぽですね。何だろう？

子どもに問いかけて答えを聞きます。

もう少し開けてみますね。

真ん中の部分をめくります。

あれ？　まだしっぽだよ。長いしっぽは何かな？

子どもに問いかけて答えを聞きます。

まだしっぽだよ

演じ方POINT
お当番の子がページ
をめくる役にするなど、
子どもが参加しても
楽しめます。

わかった！
ヘビ！

頭の部分をめくります。

ニョロニョロの
ながーいヘビさんでした！

ヘビさんでした！

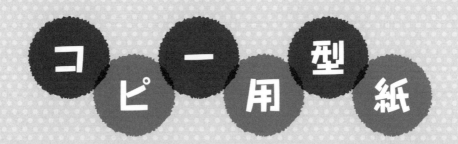

＊掲載しているプランのコピー用型紙集です。
＊300％に拡大コピーをすると、B4サイズのスケッチブックに使用できます。
　紙面では、B4サイズのスケッチブックを用いて紹介しています。
＊260％に拡大コピーをすると、A4サイズのスケッチブックに使用できます。

CD-ROMご使用上の注意

※CD-ROMをお使いになる前に、必ずお読みください。

- CD-ROMには、イラストがPDF形式で収録されています。
- ファイルをご覧いただくには、アドビシステムズ社のAdobe Reader（Ver.8以降）またはAdobe Acrobatが必要です。お持ちでない方は、アドビシステムズ社の公式ウェブサイトより、Adobe Readerをダウンロードしてください（無償）。
- 4Cとついているファイルは、カラーイラスト、1Cとついているファイルは、型紙用のモノクロイラストです。
- 収録されているデータは、ご購入された個人または法人が、印刷して私的範囲および施設範囲内で自由にお使いいただけます。ただし、営利目的での使用はできません。
- 収録されているデータそのものを無断で複製、頒布（インターネット等を通した提供を含む）、販売、貸与することはできません。
- 収録されているデータの著作権は、すべてナツメ社および著作権者に帰属します。

P.8-11
おはよう！春ですよ

P.8-11 おはよう！春ですよ

P.12-15
カエルの音楽会

P.12-15 カエルの音楽会

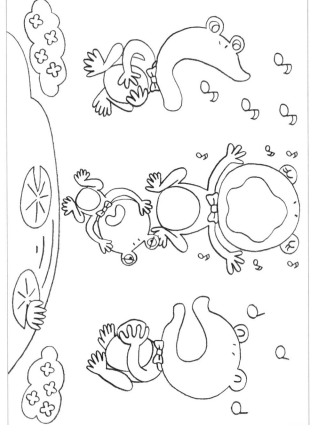

F-1

F-2

P.16-19
まてまて リンゴ

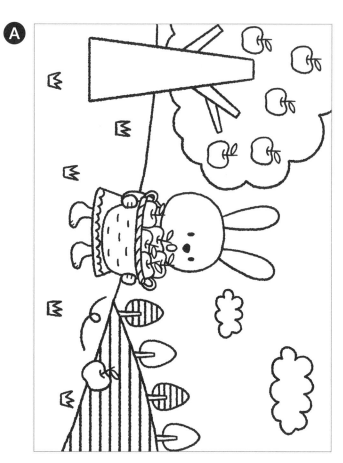

P.16-19　まてまて リンゴ

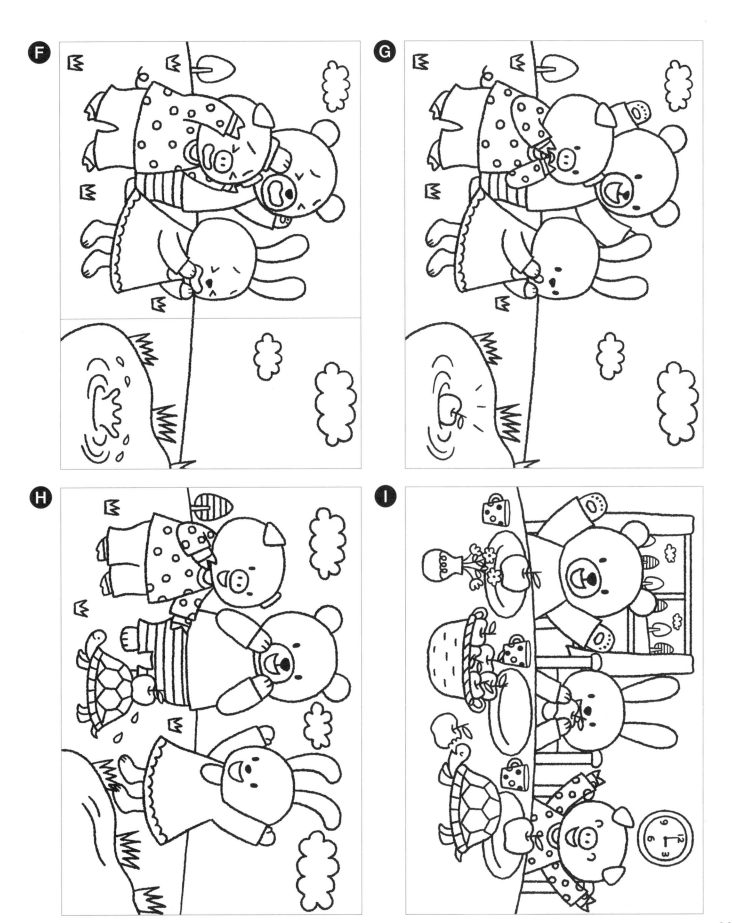

P.20-23
お城でパーティー

D

E

F

G

P.20-23 **お城でパーティー**

P.24-28
魔法使いの
クリスマス

P.24-28　魔法使いのクリスマス

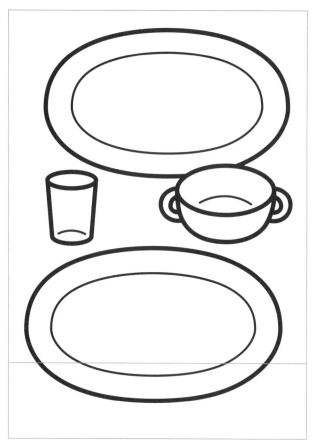

P.24-28 魔法使いのクリスマス

P.29-33
楽しい雪あそび

P.29-33 楽しい雪あそび

P.34-37
おひさま園へ出発!

P.34-37 おひさま園へ出発！

L

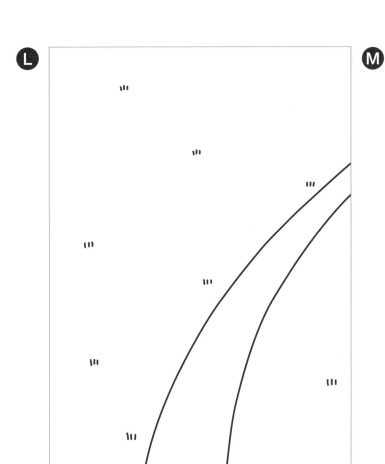

M

N

O

P.34-37　おひさま園へ出発！

P

Q

P.38-41
みんな集まれ誕生会

A

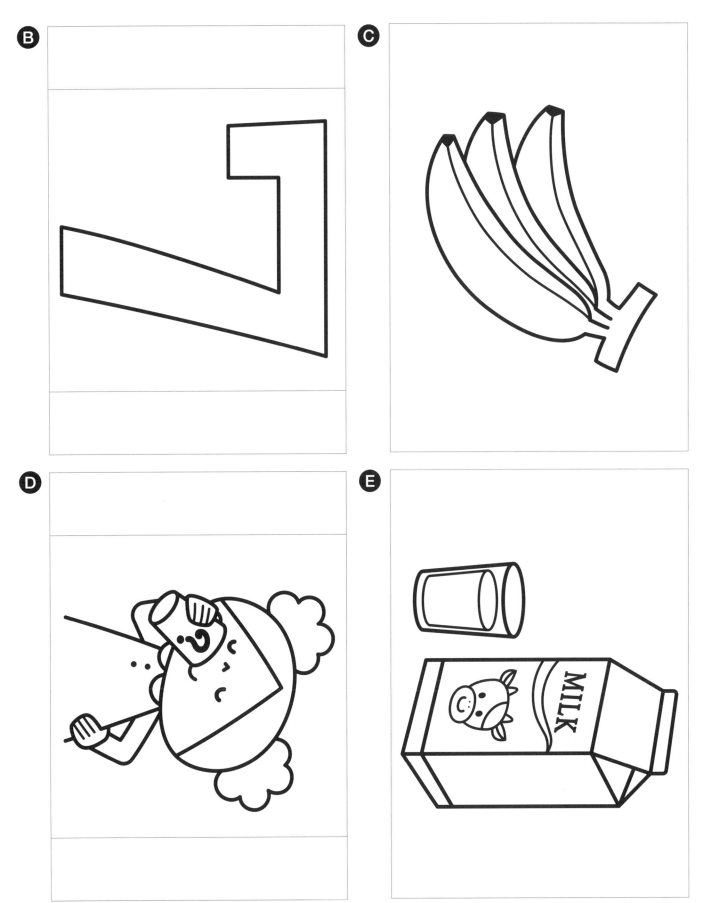

P.38-41　みんな集まれ誕生会

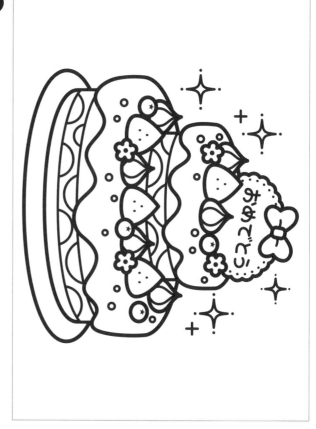

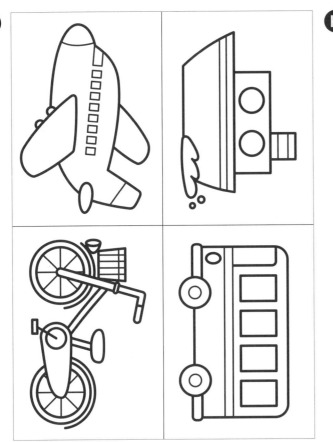
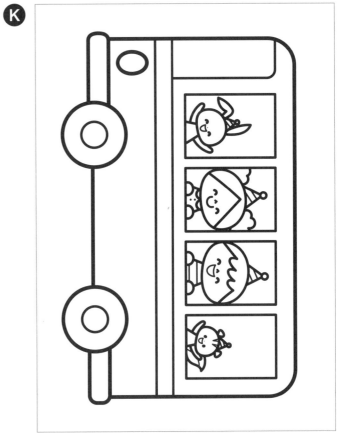

P.42-47
プレゼントはなあに？

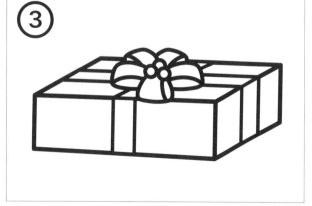

P.42-47 プレゼントはなあに？

P.42-47　プレゼントはなあに？

P-1 ②

Q

P-2 ④

R

S

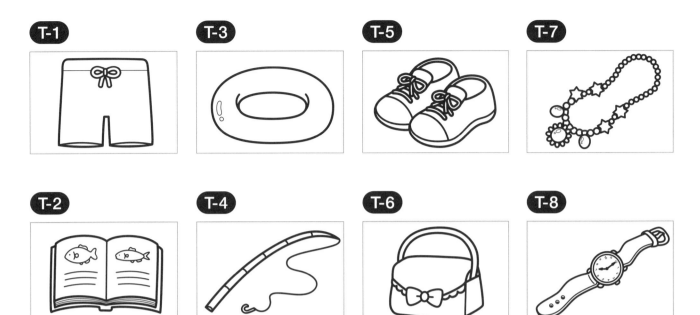

P.48-51
満員遠足バス

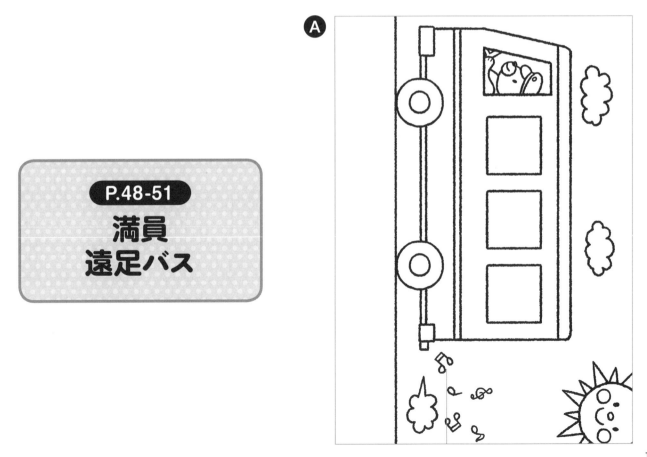

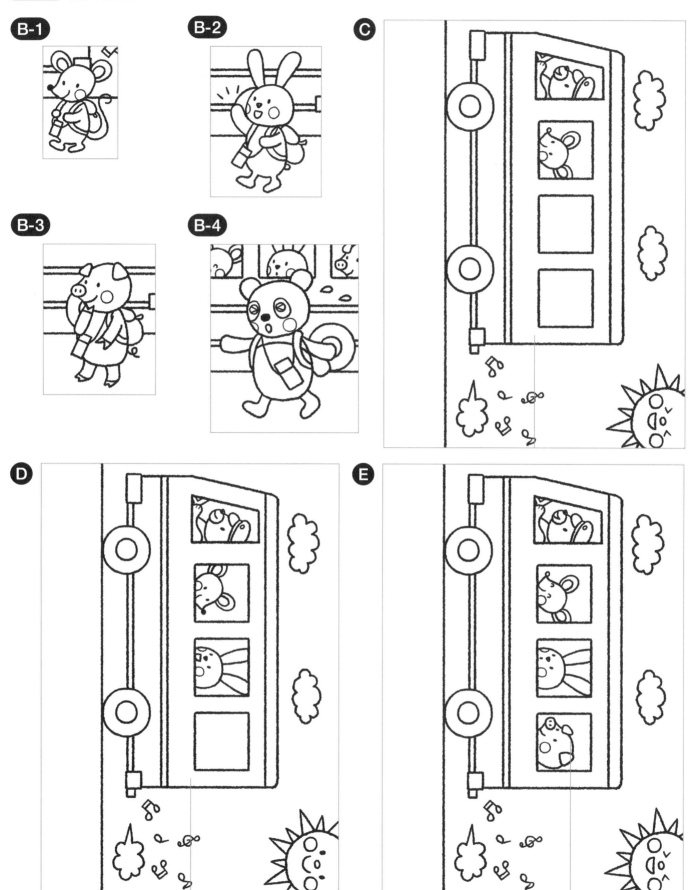

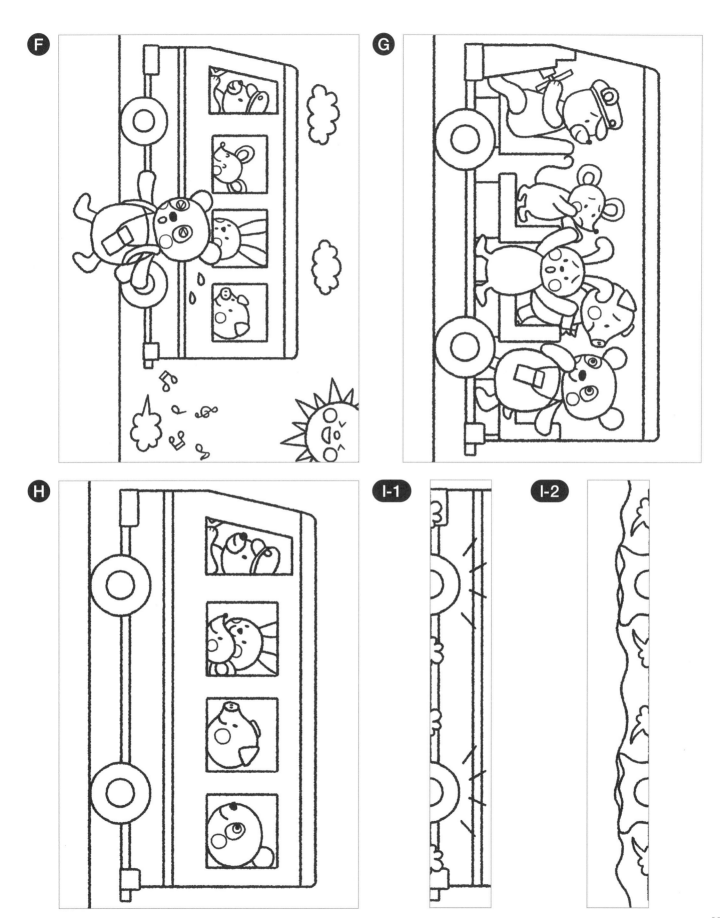

P.48-51 満員 遠足バス

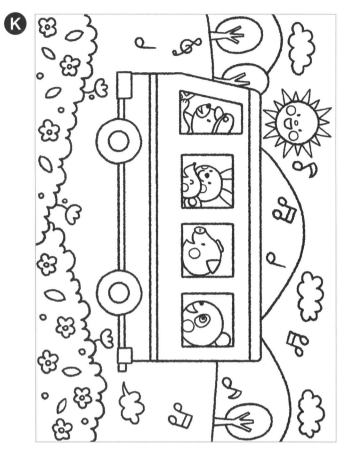

P.52-55
元気いっぱい
運動会

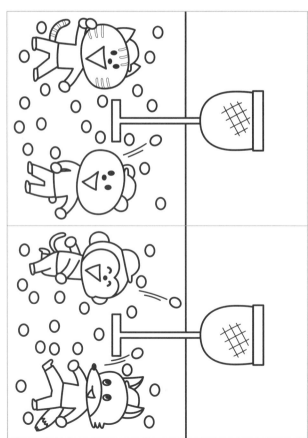

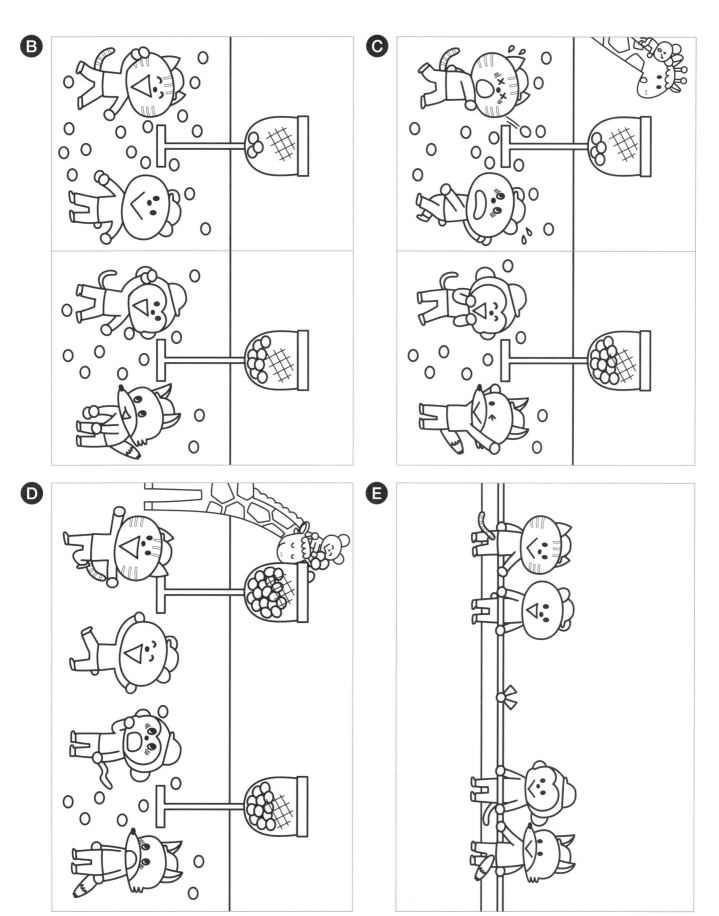

P.52-55 元気いっぱい運動会

 F
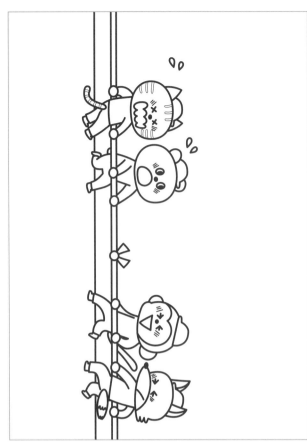

 G

 H
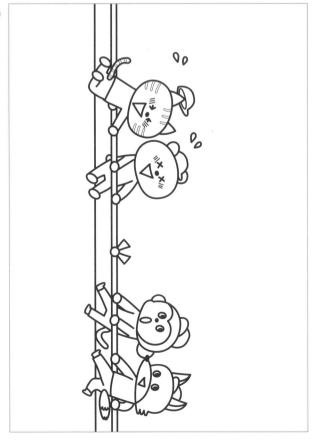

 I

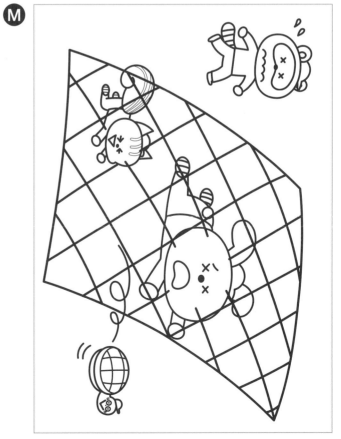

P.52-55 元気いっぱい運動会

P.56-57
したくは
できたかな？

P.58-61
虫歯キンに負けないぞ

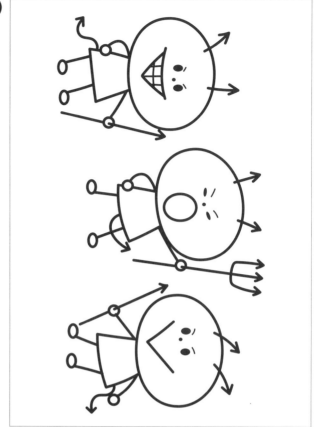

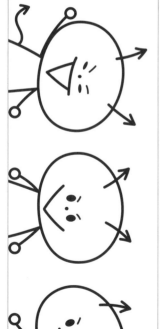

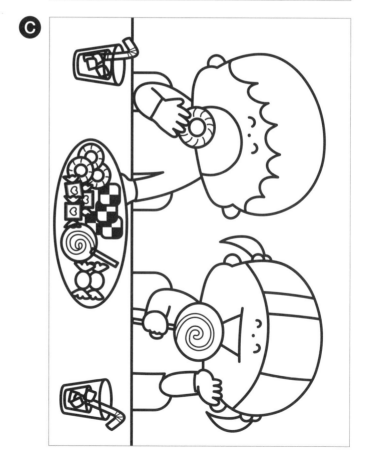

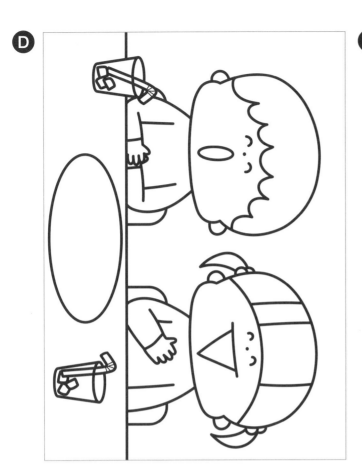
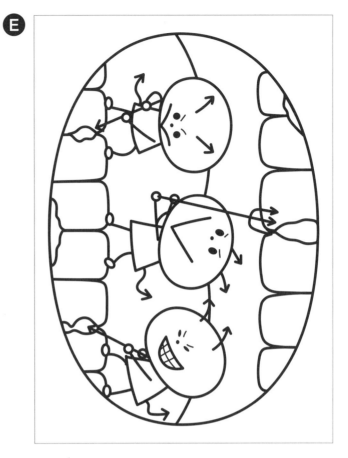
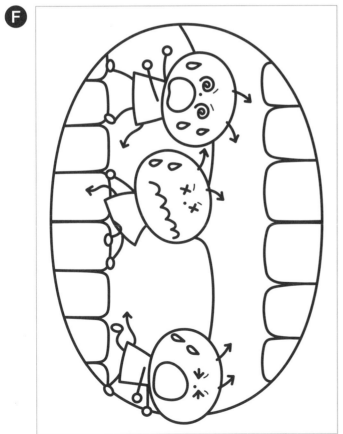

123

P.58-61　虫歯キンに負けないぞ

 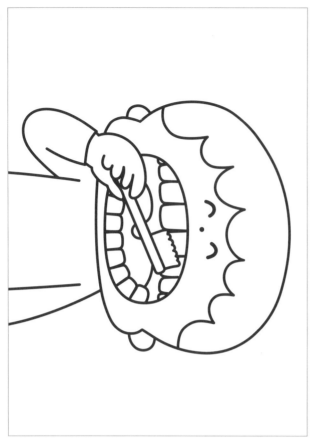

 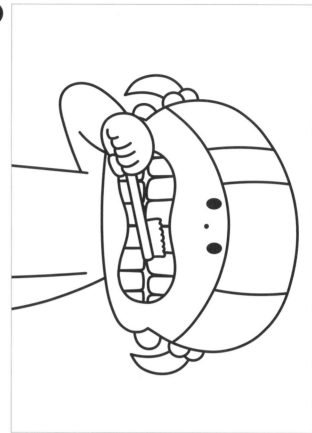

 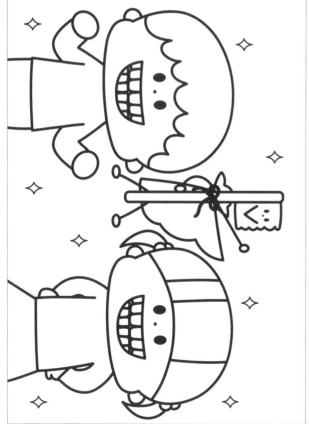

K-2

K-3

P.62-65
お弁当 いただきます

A

P.62-65 お弁当いただきます

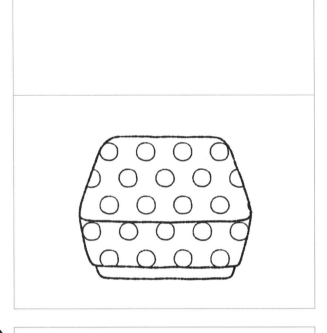

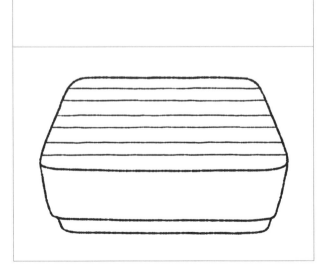

P.62-65 **お弁当いただきます**

P.66-69
あーそぼ あそぼ！

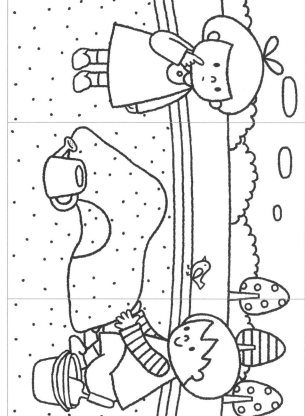

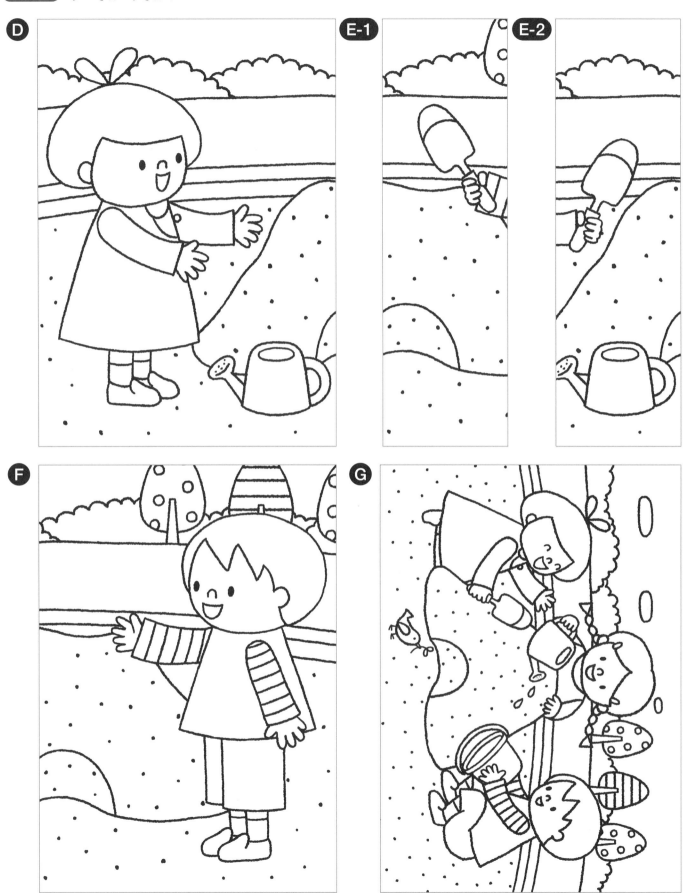

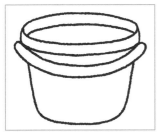

P.70-73
虫めがねで のぞいたよ

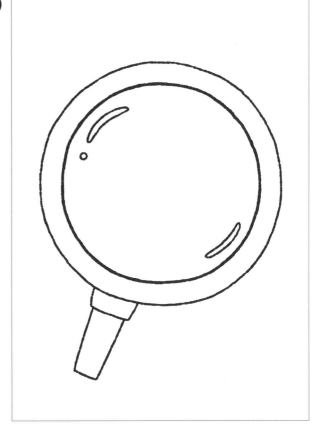

P.70-73 虫めがねでのぞいたよ

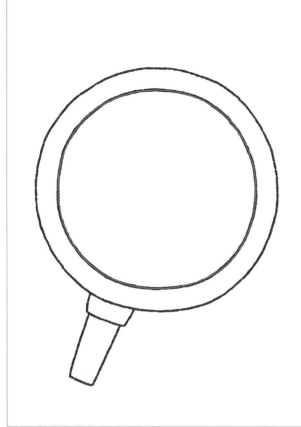

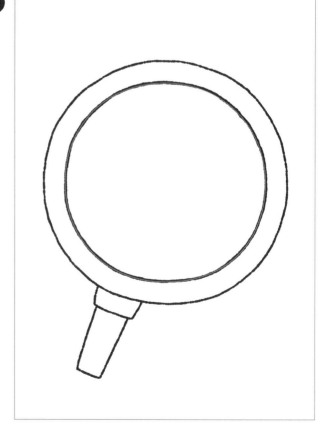

P.70-73 虫めがねでのぞいたよ

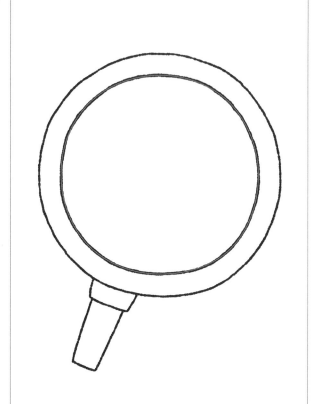

N

P.74-77
**レストランの
お客様**

A

P.74-77　レストランのお客様

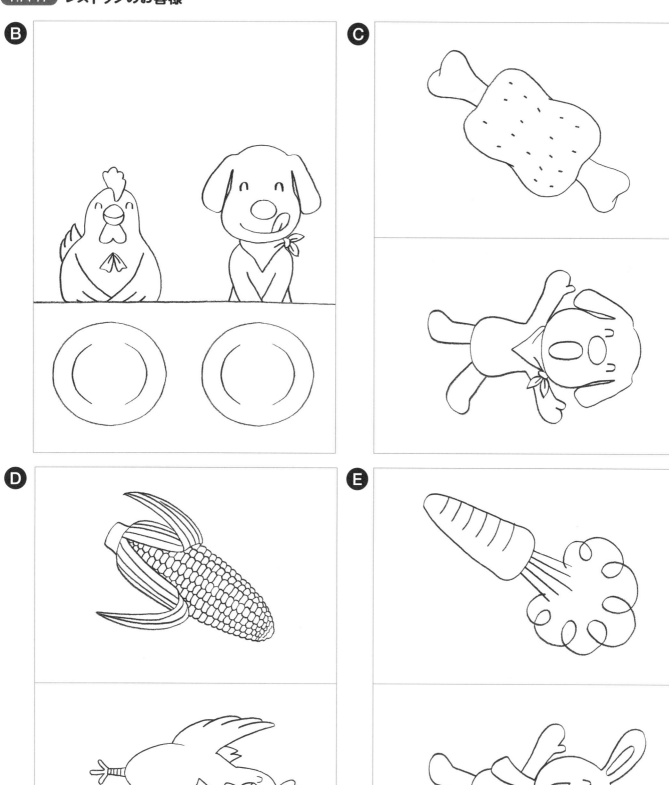

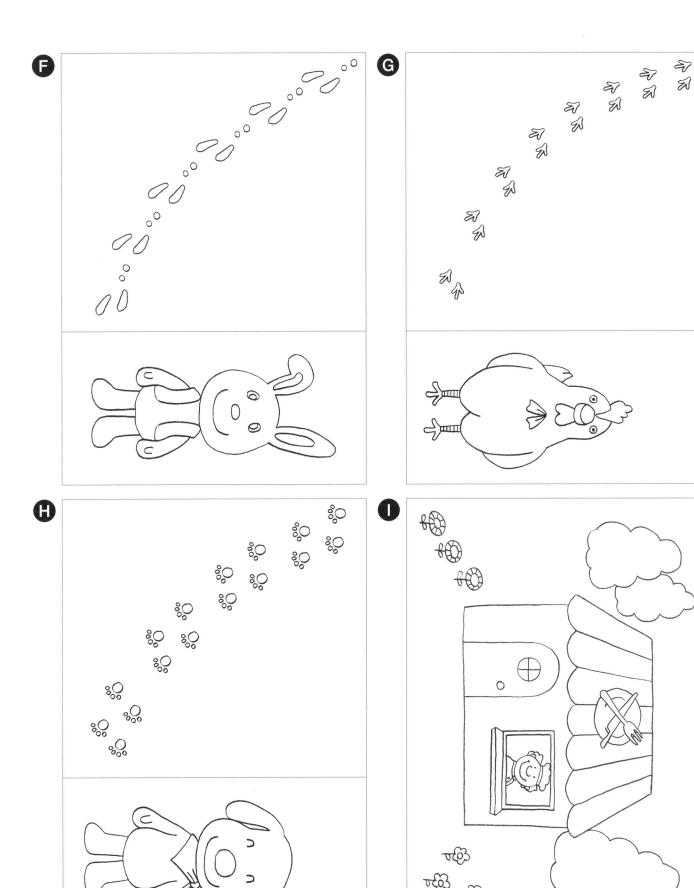

P.74-77 レストランのお客様

J-1    **J-2**    **J-3**

P.78-80
しっぽしっぽ だーれ？

A

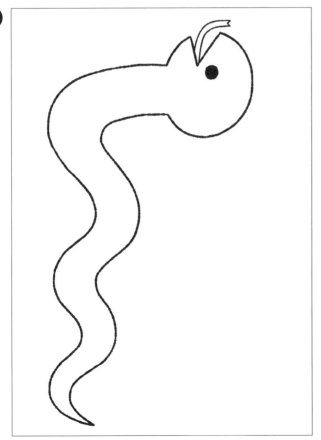

著者 浅野ななみ（乳幼児教育研究所）

お茶の水女子大学卒業。東京都公立幼稚園教諭、聖心女子大学講師を経て、現在、乳幼児教育研究所講師。子どもの歌、あそび、お話の創作、表現活動の指導のほか、乳幼児教育教材、おもちゃなどの監修にあたる。主な作品は、CD「浅野ななみのちっちゃなあそびうた」（乳幼児教育研究所）、保育図書『CD付き 0～5歳 発表会で盛り上がる昔話の劇あそび』（ナツメ社）ほか。

STAFF

- デザイン●武田紗和（フレーズ）
- カバー・シアターイラスト●すみもとななみ、たかしまよーこ、とりうみゆき、福島 幸、みさきゆい、三角亜紀子
- 本文イラスト●つかさみほ、三角亜紀子
- モデル●大咲レイナ、越塚エリカ、武内おと（株式会社シュルー）
- ヘアメイク●依田陽子　撮影●林 均
- DTP・データ作成●有限会社ゼスト
- CD-ROM作成●株式会社ライラック
- 楽譜浄書●株式会社クラフトーン　協力●乳幼児教育研究所
- 編集協力●秋野久美子（株式会社スリーシーズン）、東城恵利子
- 編集担当●柳沢裕子（ナツメ出版企画株式会社）

本書に関するお問い合わせは、書名・発行日・該当ページを明記の上、下記のいずれかの方法にてお送りください。電話でのお問い合わせはお受けしておりません。
・ナツメ社webサイトの問い合わせフォーム
　https://www.natsume.co.jp/contact
・FAX（03-3291-1305）
・郵送（下記、ナツメ出版企画株式会社宛て）
なお、回答までに日にちをいただく場合があります。正誤のお問い合わせ以外の書籍内容に関する解説・個別の相談は行っておりません。あらかじめご了承ください。

CD-ROM付き スケッチブックでつくるかんたんシアター

2019年4月1日　初版発行
2023年3月1日　第8刷発行

著　者　浅野ななみ　　　　　　　　　　　　　©Asano Nanami,2019
発行者　田村正隆

発行所　株式会社ナツメ社
　　　　東京都千代田区神田神保町1-52　ナツメ社ビル1F（〒101-0051）
　　　　電話　03-3291-1257（代表）
　　　　FAX　03-3291-5761
　　　　振替　00130-1-58661
制　作　ナツメ出版企画株式会社
　　　　東京都千代田区神田神保町1-52　ナツメ社ビル3F（〒101-0051）
　　　　電話　03-3295-3921（代表）
印刷所　広研印刷株式会社

ISBN978-4-8163-6593-5　　　　　　　　　　　　　Printed in Japan

〈価格はカバーに表示してあります〉〈落丁・乱丁本はお取り替えします〉
本書の一部または全部を著作権法で定められている範囲を超え、ナツメ出版企画株式会社に無断で複写、複製、転載、データファイル化することを禁じます。

JASRAC出2210239-201

ナツメ社Webサイト
https://www.natsume.co.jp
書籍の最新情報（正誤情報を含む）はナツメ社Webサイトをご覧ください。